能源与电力分析年度报告系列

2019

国内外能源互联网发展分析报告

国网能源研究院有限公司　编著

中国电力出版社
CHINA ELECTRIC POWER PRESS

内 容 提 要

《国内外能源互联网发展分析报告》是能源与电力分析年度报告系列之一。本报告从发展基础、政策支持、项目实践等方面系统分析了国内外典型国家能源互联网发展情况，跟踪了能源互联网关键技术发展动态，并建立评价指标体系，对典型国家能源互联网发展进行了评估与对比分析。

本报告可供我国能源及电力工业发展相关政府部门、企业及研究单位的有关人员参考使用。

图书在版编目（CIP）数据

国内外能源互联网发展分析报告.2019/国网能源研究院有限公司编著.—北京：中国电力出版社，2019.11

（能源与电力分析年度报告系列）

ISBN 978-7-5198-3203-2

Ⅰ.①国… Ⅱ.①国… Ⅲ.①互联网络—应用—能源发展—研究报告—世界—2019 Ⅳ.①F416.2-39

中国版本图书馆 CIP 数据核字（2019）第 270565 号

出版发行：中国电力出版社
地　　址：北京市东城区北京站西街 19 号（邮政编码 100005）
网　　址：http://www.cepp.sgcc.com.cn
责任编辑：刘汝青（010-63412382）　董艳荣
责任校对：黄　蓓　于　维
装帧设计：赵姗姗
责任印制：吴　迪

印　　刷：北京瑞禾彩色印刷有限公司
版　　次：2019 年 11 月第一版
印　　次：2019 年 11 月北京第一次印刷
开　　本：787 毫米×1092 毫米　16 开本
印　　张：8.75
字　　数：118 千字
定　　价：88.00 元

能源与电力分析年度报告

编 委 会

主　任　张运洲

委　员　吕　健　蒋莉萍　柴高峰　李伟阳　李连存

　　　　张　全　王耀华　郑厚清　单葆国　马　莉

　　　　郑海峰　代红才　鲁　刚　韩新阳　李琼慧

　　　　张　勇　李成仁

《国内外能源互联网发展分析报告》

编 写 组

组　长　代红才

主笔人　姜怡喆　王　雪

成　员　吴潇雨　王轶楠　刘　林　陈　昕　赵留军

　　　　菅泳仿　毛吉康　张　旭　张　栋　孔维政

　　　　卢　静　张　宁　汤　芳　李苏秀　苗中泉

　　　　薛美美　陈星彤　王春明　吴贞龙　杨　朔

　　　　翟旭京

前 言
PREFACE

前 言
PREFACE

　　发展能源互联网是贯彻落实我国"四个革命、一个合作"能源安全新战略的重要行动，是加快我国生态文明和现代化经济体系建设的重要举措。作为第三次工业革命的标志之一，能源互联网的提出和发展由技术、经济、环境、政策等诸多因素合力驱动，既是能源系统自身发展的趋势，也有外部对能源系统提出的迫切需求。作为新兴的技术和产业形态，能源互联网将极大地改造传统能源行业，同时其建设过程也面临来自理念、技术、市场、机制等多方面的挑战，需要长期的理论研究和实践探索，是一项复杂艰巨的系统工程。

　　《国内外能源互联网发展分析报告》是国网能源研究院有限公司推出的"能源与电力分析年度报告系列"之一，今年首次出版。报告围绕能源互联网发展基础、政策支持、项目实践等方面，总结了国外典型国家能源互联网发展经验，分析了我国能源互联网发展情况及存在的问题与挑战；构建了能源互联网技术体系，跟踪了关键技术发展动态，展望了未来发展方向；建立了能源互联网发展评价指标体系，对典型国家能源互联网发展进行了评估对比，总结了评估启示。

　　本报告共分为4章。第1章从发展基础、政策支持、项目实践等方面，梳理了德国、美国、日本等国家能源互联网发展情况，总结了发展经验；第2章从发展历程、发展基础、政策支持、产业发展、项目实践等维度，梳理了我国能源互联网发展状况，分析了存在的问题与挑战；第3章从先进能源技术、能源信息融合技术、应用支撑技术三大类构建能源互联网技术体系，跟踪了各类关键技术发展动态，分阶段展望了未来发展方向；第4章从发展现状、发展潜力、发展成效三个维度构建了能源互联网发展评价指标体系，对我国、德国、美国、日本4个国家能源互联网发展进行了综合评估与对比分析，并总结了评估启示。

本报告概述部分由姜怡喆主笔，第1章由吴潇雨主笔，第2章由姜怡喆主笔，第3章由王轶楠主笔，第4章由王雪主笔。全书由代红才、姜怡喆、王雪统稿，吴潇雨、王轶楠校稿。

在本报告的编写过程中，得到了能源、电力领域多位专家的悉心指导，研究生张笛同学帮助查询和整理数据资料，在此表示衷心感谢！

限于作者水平，虽然对书稿进行了反复研究推敲，但难免仍会存在疏漏与不足之处，恳请读者谅解并批评指正！

编著者

2019 年 11 月

目　录
CONTENTS

概　　述

能源互联网是能源基础设施与先进能源技术、现代信息通信技术和控制技术深度融合形成的新型能源系统，是能源领域全要素、全产业链、全价值链全面连接的新型价值创造平台和生态体系，是工业互联网在能源领域的具体实现形式。作为第三次工业革命的标志之一，能源互联网的提出和发展由环境、技术、政策、市场等诸多因素合力驱动，既是能源系统自身发展的趋势，也有外部对能源系统提出的迫切需求。在目前国际形势复杂多变、世界范围内能源危机和环境危机日益凸显的情况下，通过建设能源互联网构建清洁低碳、安全高效的能源体系尤为关键和迫切。

（一）能源互联网认识

作为新兴的技术和产业形态，能源互联网将极大地改造传统封闭式、条块分割的能源行业，促进能源系统开放、融合发展，推动能源利用从以化石能源为主向以清洁能源为主转变，将优化能源结构、提高能源效率、促进节能降耗、共享社会资源、实现可持续发展作为目标，涵盖能源开发、生产、配置和消费等一系列重大变革。当前，能源互联网正处于发展初期，各方理论研究和工程实践都还在探索阶段，关注重点不尽相同，并没有统一的定义与范式。梳理分析国内外对能源互联网的认识，大致可以分为两大"流派"：

"能源系统互动融合"派（Energy Internet）。该流派侧重对能源系统自身的认识，通过借鉴互联网开放互动的理念和体系架构，对能源系统关键设备、功能形态、运行方式进行深刻变革。在电力电子、高速数字通信和控制技术的支撑下，建立具有智慧功能的电力网络，实现分布式能源、电动汽车等海量主体的即插即用和能量信息的双向流动。打破各自封闭的能源子系统，实现冷、热、气、电等多种能源优化互补，为用户提供低成本、优质高效的能源服务。该流派的代表为美国 FREEDM[1] 概念、日本 Digital Grid[2] 概念、我国智能能源

---

[1] 未来可再生电能传输与管理系统（Future Renewable Electric Energy Delivery and Management System，FREEDM）。

[2] 数字电网。

网概念等。

"互联网改造能源系统"派（Internet of Energy）。该流派侧重对信息互联网的认识，将信息网络定位为能源互联网的决策支持网，打造一个基于现代信息和通信技术的能源系统。通过信息网络与能源网络的深度融合，实现能源生产、传输、转换、消费、存储等全环节的数字智能化，提高可再生能源利用率，保障稳定高效的能源供应。利用互联网技术和智能终端技术连接用户，构建能源共享网络，形成智慧能源解决方案。该流派的代表为美国学者杰里米·里夫金提出的能源互联网概念、德国 E－Energy❶ 概念、我国"互联网＋"智慧能源概念等。

对比两大流派对能源互联网的认识，实际分别强调了"能源＋互联"和"能源＋互联网"两方面内容。尽管认识的侧重点有所不同，但都属于能源互联网的内涵范畴，即**一是**将先进信息通信技术应用到能源领域，实现信息网络和能源网络的"两网融合"；**二是**以电为枢纽，利用多能转换打破能源子系统之间，以及能源行业与交通、建筑等行业之间的壁垒，将一个集中、单向、生产者控制的能源系统，转变成集中式与分布式协同、能源流双向快速变化、主体互动的新型智慧能源系统；**三是**通过能源、信息和市场的紧密耦合，以支撑可再生能源大规模开发利用和综合能效提升为目标，满足用户个性化、定制化能源需求。未来，随着两大流派交集不断加强、并集不断丰富，能源互联网建设会凝聚形成越来越多的发展共识。

能源系统具有资本、人力、技术密集的特征，存在巨大的发展惯性。本报告认为，能源互联网作为新一代能源系统，其基本形态将以现有能源体系架构为主体，如图 0－1 所示，包含物理层、信息层、应用层三个层次，其中**物理层**是多能协同的能源网络，包括能源生产、转换、传输、存储和利用环节；**信息层**是信息物理系统的深度融合，包括信息采集、传输、处理和存储；**应用层**是

---

❶ 数字化能源。

创新模式的能源运营，包括控制调度、市场交易、能源金融、增值服务、监督
管理等。

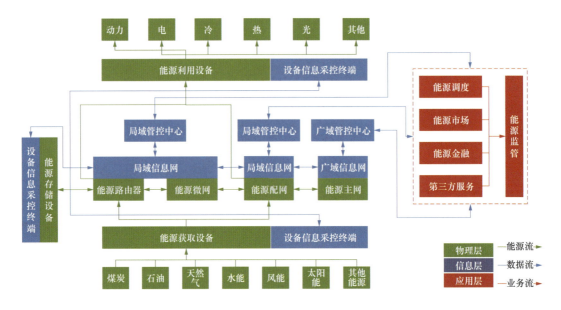

图 0-1　能源互联网的基本形态

能源互联网将由大数据赋予系统预知能力、市场决定能源配置方式、智能
控制作为协调手段，通过物理层能源流、信息层数据流、应用层业务流的"多
流合一"，构建多能互补、智能互动、泛在互联的智慧能源体系。

（二）国外能源互联网发展

德国、美国、日本是开展能源互联网研究和实践较早的国家。

德国油气资源匮乏，对可再生能源利用、能效提升需求迫切，建设能源互
联网是其推动能源转型的关键着力点。结合其"工业 4.0"战略和数字化产业
发展优势，在能源互联网建设过程中侧重于推动能源数字化发展，利用先进信
息技术对能源系统进行全环节改造。通过 E - Enegy、C - sells❶ 等一系列示范
项目对能源信息融合应用、新型能源市场机制等关键要素进行了探索，提出了
细胞电网、区域蜂窝能源系统等创新理念。

---

❶　项目理念：未来能源系统应具备细胞般的自主性、分布式的参与性以及完整的多样性。

美国优越的能源资源禀赋为其多元化的能源生产消费体系奠定了坚实基础，能源互联网建设旨在促进能源高效综合利用。结合其在智能电网发展方面的优势条件，在能源互联网建设过程中突出电网的枢纽作用，侧重于能源电力领域先进技术研发，借鉴互联网思维打造分布式能源、电动汽车等海量主体即插即用的智慧能源网络。开展了FREEDM等典型示范项目，对"能源路由器"理念架构进行了探索。

日本能源资源极度匮乏，提升能源效率、推动能源节约、提高能源自给能力是其发展能源互联网的首要目标。受制于自然环境条件，其能源互联网建设侧重于构建区域综合能源系统，实现分布式可再生能源可靠消纳和冷－热－电多能源综合利用。同时大力发展氢能，探索氢能在能源互联网中的转换利用。实践中重点开展以热电耦合网络为核心的区域能源互联网的实用性和经济性示范。

总体来看，国外能源互联网发展仍处于起步阶段，各国基于自身国情和能源系统特点进行的探索各有侧重，没有形成统一的发展模式，但也有一些共同的特点和经验值得借鉴：一是发展能源互联网主要采取"自下而上"的推进思路，针对能源互联网整体层面的顶层设计、规划较少，更注重突出关键环节、核心理念的实践探索；二是突出电力在能源互联网建设中的重要作用，将电网视为能源传输转换的枢纽平台，注重可再生能源发电利用和提升电气化水平；三是将建设能源互联网的落脚点放在用户侧，强调需求侧资源参与和利用，改变传统能源系统中用户处于被动地位；四是重视新技术、新元素的创新应用，包括电化学储能、氢能、能源路由器、微能源网等。

（三）中国能源互联网发展

我国能源互联网发展经历了研究探索（2012－2015年）和工程实践（2016年至今）两个阶段，目前仍处于探索发展的初期。建设能源互联网是我国贯彻落实"四个革命，一个合作"能源安全新战略的重要举措，是适应能源革命与信息革命深度融合发展的必然要求。近年来，我国能源生产消费结构持续优化，智能家居、电动汽车、储能等交互式能源设施快速发展，能源信息技术融合不断加深，能源市场化改革加快推进，这些都为我国能源互联网发展提供了良好基础。国家出台了《关于推进"互联网＋"智慧能源发展的指导意见》等一系列能源互联网相关政策，吸引了传统能源企业、新兴能源企业、互联网企业、生态跨界企业等多主体积极参与。随着首批能源互联网示范项目验收、泛在电力物联网建设等快速推进，2019 年将成为我国能源互联网建设关键落地年。

我国能源互联网发展从新能源微电网、"互联网＋"智慧能源、泛在电力物联网建设等方面开展了广泛的实践探索。新能源微电网示范项目涵盖不同发电类型，以集成新能源、提供高质量及多样性的供电可靠性服务、冷热电综合利用等为主要功能，向着区域管控调配、多能互补的区域综合能源系统方向发展。"互联网＋"智慧能源示范项目以园区和城市级为主，以绿色低碳持续发展、综合能源高效利用、灵活资源协调共享、不同行业融合发展、业态创新多方共赢为目标，探索可持续、可推广的能源互联网发展路径和商业模式。泛在电力物联网建设通过向电网赋能，与坚强智能电网相辅相成、融合发展，探索以电为中心，以电网为平台，能源流、数据流、业务流"多流合一"的能源互联网发展路径。

我国能源互联网发展还面临固有思维模式难以打破、跨界合作存在壁垒、关键技术亟须突破、市场机制有待完善等方面的问题和挑战。能源互联网发展将加深能源系统建设运行的复杂程度，改变能源行业传统利益格局，对体制机制活力、企业创新能力提出更高的要求，其开放融合的发展过程必将面临来自理念、机制、技术、市场等多方面的挑战。

（四）能源互联网技术发展

能源互联网技术体系由先进能源技术、能源信息融合技术和应用支撑技术三大类构成。其中，**先进能源技术**是能源系统自身在能源生产、转换、传输、存储、消费等各环节的技术进步，通过建设高比例可再生能源接入、多能互补的能源网络，实现能源互联网的高效化与协同化，如新型发输配电技术、多能转换技术、储能技术等。**能源信息融合技术**是将先进信息技术与能源技术深度融合，实现能源系统全环节智能化和分布式能源即插即用，以及能源链的资源和信息开放共享，其关键技术包括"大、云、物、移、智"等先进信息技术在能源领域的应用创新。**应用支撑技术**是利用多能协同控制技术、虚拟电厂技术、区块链技术等进一步打通物理能源层与应用市场层之间的渠道，通过能源互联网的虚拟化和市场化，建设主体互动、自由交易、安全高效的能源生态系统。

能源互联网技术发展将经历三个阶段，推动能源互联网从概念框架验证逐步向成熟定型方向发展：**近期试点示范阶段**，能源互联网尚处于概念框架验证时期，技术发展将围绕多能源品种接入展开研发攻关，逐步提高能源在生产、传输、转换、存储、消费等环节的状态信息可测程度和数据精度；**中期集成应用阶段**，能源互联网处于快速发展时期，各类技术将以系统性、体系化的方式集成，围绕横向多能互补和纵向源-网-荷-储协调重点布局，逐步实现能源各环节的状态信息智能可控；**远期迭代创新阶段**，能源互联网处于发展成熟时期，各类相关技术达到深度融合，将在能源互联网全产业链、全价值链实现集感知、分析、预测、决策、控制、自学习于一体的智慧化运营与管理。

（五）能源互联网发展评估

从国家层面对能源互联网的发展进行综合评估，便于从全球视角多维度了解各国能源互联网的发展情况，对于掌握我国能源互联网发展所处地位，充分借鉴国外先进经验具有重要意义。通过从能源互联网的发展现状、发展成效、发展潜力入手，构建了包含 9 个二级指标和 28 个三级指标的能源互联网发展评估体系。在此基础上，选取我国及美国、德国、日本 4 个典型国家，对其能源互联网的发展进行了综合评估。

从发展现状维度看，美国和德国在能源互联网的示范工程建设、重点政策制定以及关键技术研发领域处于世界前列；我国能源互联网发展起步虽然较晚，但总体目标明确、发展势头强劲。**从发展潜力维度看，**我国能源互联网发展市场潜力最大，未来市场规模将占据全球的半壁江山；美国、德国、我国的电源结构和能源消费的多元化趋势使得三国的多能融合潜力较大；各国的信息物理融合潜力相差不大。**从发展成效维度看，**各国能源互联网建设成效已开始显现，但尚未形成规模效应，提升空间较大。未来随着能源互联网项目规模化推广、市场运营机制逐步完善、各领域关键技术创新突破，能源互联网将有力支撑能源系统实现清洁低碳、优质高效、灵活便捷的发展目标。

通过评估对比可见，**未来我国能源互联网的发展需要在典型项目建设、关键技术突破及发展成效提升等方面进一步发力，逐步缩小与其他国家的差距，继而实现并跑和超越。**一是提升能源互联网示范项目的系统性，补足商业模式创新短板，发挥示范作用；**二是**加快信息物理融合及系统安全领域能源互联网关键技术突破；**三是**强化能源互联网对提升可再生能源利用、提高综合能效等方面的支撑作用。

1

国外能源互联网发展

国外能源互联网概念的孕育早在 20 世纪 70 年代就开始了，由理查德·巴克敏斯特·富勒（Richard Buckminster Fuller）首先提出了世界电能网络（World Electrical Energy Grid）的构想。1986 年，皮特·梅森（Peter Meisen）创立了全球能源网络学会（Global Energy Network Institute，GENI），旨在通过国与国之间的电力传输线路充分利用全球丰富的可再生能源。2003 年美加"8·14"大停电后，《经济学人（The Economist）》杂志于 2004 年发表了题为《建设能源互联网（Building the Energy Internet）》的文章，标志着现代能源互联网研究的开始。

当前，国外能源互联网发展多元化，德国、美国、日本等国家均结合本国国情开展了能源互联网的理论研究与工程实践，发展思路和重点不尽相同。根据对能源互联网内涵范畴和基本形态的认识，一个国家能源互联网建设与其能源系统转型方向、能源数字信息化水平、能源市场开放程度、相关政策扶持力度等密切相关，本章从这些方面系统梳理了德国、美国、日本能源互联网发展情况，并结合项目实践总结了相关发展经验。

1.1　德国能源互联网发展

德国是最早进行能源互联网实践探索的国家，其能源互联网发展侧重于通过对能源系统全环节的数字化改造，促进可再生能源开发利用，进而推动能源结构转型和能效提升。2008 年，德国联邦经济及科技部在《E - Energy 以信息通信技术为基础的未来能源系统（2008）》项目手册中，将能源互联网描述为"能够使电力市场信息处理、交互、支付更加迅捷方便，通过端到端的数字网络进行能源基础设施的智能监测、控制和管理，连接能源基础设施与电子化交易市场，推进能源供应的高效化、迅捷化与透明化"，并号召进行"能源互联网（Internet of Energy）"系统理念和整体思路研究。作为新能源产业的领导者和推动者，德国将建立含有高比例可再生能源的高效能源体系作为目标，通过对可再生能源进行扶持、技术创新以及法律保障，不断推进能源互联网发展。

1.1.1　发展基础

（一）能源系统转型

作为能源消费大国，德国石油和天然气资源匮乏，需求长期依赖进口，对外依存度保持在 90% 左右，给能源安全带来很大压力。煤炭资源虽较为丰富，但主要以低燃值、高污染的褐煤为主，当前开采和使用量仍然较高。截至 2018 年，德国仍有 37% 的发电量来源于煤炭，环保减排压力较大。为此，德国政府大力推动以"能效优先、可再生能源开发利用、跨领域耦合"为三大要素的能源转型，为能源互联网建设奠定了基础。

能源供应方面，可再生能源占比持续提升。如图 1-1 所示，截至 2018 年，德国一次能源供应中非水可再生能源占比达 14.6%，较上年增长 1.3 个百分点，2013—2018 年五年间累计增长 5.6 个百分点。图 1-2 为德国分燃料发电量结构，截至 2018 年，德国发电量中非水可再生能源占比高达 31.2%，较上年增长 2.1 个百分点，2013—2018 年五年间累计增长 11.8 个百分点。其中风电、太阳能发电量五年间平均增速分别达到 16.6% 和 8.3%。随着碳排放限制和弃核战略的稳步实施，未来可再生能源占比将会进一步提升，能源供应体系日趋清洁低碳。

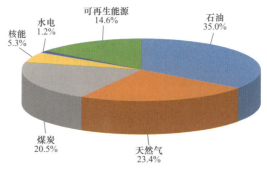

图 1-1　2018 年德国一次能源供应结构

数据来源：英国石油公司：《世界能源统计年鉴 2019》（BP：Statistical Review of World Energy 2019）。

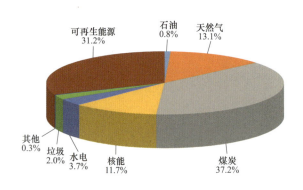

图 1-2　2018 年德国分燃料发电量结构

数据来源：国际能源署：《世界能源平衡 2019》（IEA：World Energy Balances 2019）。

能源消费方面，形成了以石油、天然气、电能为主的多元消费体系。如图
1-3 所示，截至 2017 年，德国石油制品、天然气、电能占终端能源消费的比例
分别为 41.5%、24.4% 和 19.7%。交通电气化水平不断提升，电动汽车保有量
快速增长。截至 2018 年，德国电动汽车❶保有量达 17.7 万辆，新增 6.7 万辆，
同比增长 60.9%。德国 2013—2018 年电动汽车保有量变化如图 1-4 所示。

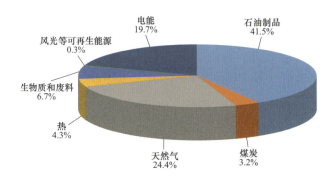

图 1-3　德国 2017 年终端能源消费结构

数据来源：国际能源署：《世界能源平衡 2019》（IEA：World Energy Balances 2019）。

**储能发展方面，为降低高比例可再生能源并网对能源系统稳定性、灵活性
的影响，德国储能市场规模持续增长。**截至 2018 年，德国建成投运的大型储能

---

❶　包括纯电动汽车（Battery electric vehicle，BEV）和插电混动电动汽车（Plug - in hybrid electric
vehicle，PHEV）。

图 1-4 德国 2013—2018 年电动汽车保有量变化

数据来源：国际能源署：《2019 全球电动汽车展望》（IEA：Global EV Outlook 2019）。

项目共 120 个，建成未投运的共 8 个，完成规划将于近年投运的共 28 个❶。截至 2018 年，德国电化学储能装机规模达 541.7MW。目前，德国正在简化申报程序，鼓励电网级储能项目参与二次调频和分钟级的备用市场。"光伏＋储能"联合系统是德国主要的户用储能场景，累计约有 5.2 万套储能系统服务于光伏发电装置，规模位列欧洲之首。

（二）能源信息融合

德国高度重视信息化、数字化建设。2013 年，德国提出"工业 4.0"国家战略，以信息物理系统（Cyber Physical System，CPS）和物联网（Internet of Things，IoT）为基础技术架构，展望了以信息技术为核心的智能化生产与"智能工厂"愿景。"工业 4.0"强调运用 CPS 对现有的工业生产制造与服务模式进行产业升级改造，通过将物理设备互联，整合计算机信息处理技术，实现用虚拟网络对现实物理世界的精确监测与控制。在此背景下，德国能源系统也以"工业 4.0"为契机，提出利用先进信息通信技术对能源系统全环节进行数字化改造，能源领域信息化建设加快推进，为能源与信息深度融合奠定了基础。

---

❶ 本部分数据来自 GlobalData。

    德国加快推动智能电表普及。欧盟委员会在出台的智能电表相关指导政策和法律框架中提出，各成员国在符合成本效益的前提下，在 2020 年之前完成覆盖本国 80% 用电客户的推广计划。受此建议影响，德国智能电表取得较快增长。截至 2017 年底，安装智能电表数量达到 185 万只，同比增长 40.2%。德国 2012—2017 年智能电表数量变化如图 1-5 所示。

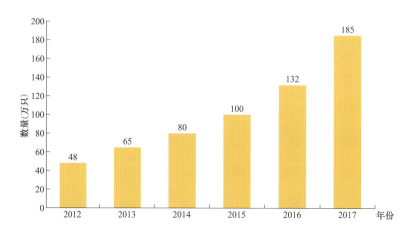

图 1-5　德国 2012—2017 年智能电表数量

数据来源：彭博新能源财经：智能电表市场规模交互式数据库（BNEF：Smart Meter Market Size Interactive Datasets）。

    德国在数字化领域投资规模欧洲领先，重点支持初创企业的各项技术探索。截至 2017 年，德国在数字化领域的风险/私募股权投资总量达到 35 亿美元[1]，孵化了大量能源数字化领域的优质初创企业。德国能源行业典型初创企业概况如表 1-1 所示。

表 1-1　　　　　　　　　　　德国能源行业典型初创企业概况

公司	业务介绍	总投资（百万美元）
relayr.	物联网平台以及工业集成应用提供商	56

---

    [1]　本部分数据来自报告《国家排名：能源数字化的领导者（Country Ranking：Leaders in Energy Digitalization）》，彭博新能源财经（BNEF）。

续表

公司	业务介绍	总投资（百万美元）
NEXT KRAFTWERKE	微电网运行及优化软件	22
KONUX	工业物联网用智能传感器和分析服务	17
sonnen	储能硬件及社区能源管理软件	99
tado°	智能家用能源管理系统	58

德国传统能源商也在能源数字化转型方面进行了卓有成效的探索。意昂（E. ON）通过创新能源服务，以数字化、信息化解决方案满足客户需求，其实践涵盖从能源生产、传输至消费的完整链条。如在可再生能源利用方面，通过Sunroof 等线上工具，利用卫星和气象数据帮助客户计算屋顶光伏发电潜力。在能源网络优化方面，旗下配网商 HanseWerk 于 2017 年开发了基于人工智能的中压配电线路故障预警技术，结合电力线路年限和类型、维护信息、天气数据以及实时电网信息，通过全面的数据分析与自学习算法，能够提前判断出高风险故障点并告警。在客户服务方面，以智能电网与智能电表为基础，通过 E. ON Plus 与美国科技巨头微软合作，加强控制终端与光伏电板、储能、充电桩、智能电灯、智能制冷/加热等应用的融合，向居民客户提供智慧家居服务。

（三）能源市场建设

德国能源市场体系较为完善，电力和天然气市场交易机制、监管体系比较成熟，交易量在欧盟国家中位居前列，为能源互联网市场建设奠定了基础。

位于莱比锡的欧洲能源交易所（European Energy Exchange，EEX）是德国乃至中西欧影响最广泛的电力交易市场，以公平、透明的定价为各类市场参与者提供服务。德国联邦网络局（Bundesnetzagentur）作为电力市场监管机构，主要是保障输配电网向所有市场主体无歧视公平开放和电力供应方面的竞争，确保德国的电力供应安全、可靠、高质量。

德国天然气市场结构较为复杂。下游城市配气公司大多数归当地政府所有，并由当地政府组织运营，约有 700 家公司负责为城市居民和部分中小型工业用户供气。中游区域输气公司管网一般分布于某个州内或者几个州的部分地区，可灵活地进行天然气贸易。位于上游的公司则负责进口或生产天然气，供给中下游公司或直接为大型城市和特大型工业用户供气。在监管方面，德国联邦卡特尔局（Bundeskartellamt）又称企业联合管理局，负责在联邦政府颁布的竞争法令框架内对天然气公司之间的竞争进行监管，避免垄断发生。

1.1.2　政策支持

德国政府对能源结构转型和能源安全的态度是明确和一贯的，相继出台了大量政策法规引导社会各界聚焦可再生能源开发利用、能效提升等领域（如表 1-2 所示），这也为能源互联网的发展提供了政策支持。通过目标导向类政策，德国为能源发展设定了阶段目标，规划了技术路径。例如 2010 年德国联邦经济与技术部公布的《能源战略 2050》，从总体上明确了德国未来 40 年能源转型的行动路径，提出了可再生能源利用、能效提升等 9 个具体行动领域。同时，德国通过一系列财政激励政策对相关领域给予了经济补贴、税费减免等支持。例如 2000 年制定的《可再生能源法》，明确提出了对可再生能源上网电价进行补贴，以推动可再生能源发电快速发展。此后，德国还结合其可再生能源利用现状，多次修订《可再生能源法》，在鼓励可再生能源发展方面建立了一整套完善的法律法规体系。

表 1 - 2 德国能源互联网发展相关政策

政策类型	政策名称	颁布时间	政策内容
目标导向类	《满足未来需求的可持续能源政策报告》	2001 年	德国联邦经济与技术部，详细阐述了德国的能源政策，明确提出了德国能源政策的"3E"目标："能源安全（Energy security）""经济效率（Economic efficiency）"和"环境可持续（Environmental sustainability）"
	《能源战略2050——清洁、可靠和经济的能源系统》	2010 年	主要阐述了德国未来40年的能源政策发展路径
	《能源规划纲要：致力于实现环境友好、安全可靠与经济可行的能源供应》	2010 年	该纲要第一次具体提出了德国向可再生能源时代前进的道路。德国未来能源结构的发展目标是：以可再生能源为主的"复合型能源结构"
	《国家能效行动计划》	2016 年	提出了能源效益指标，并明确各部门的职责
财政激励类	《能源税收法》	2006 年修订	为第二代生物燃料、纯生物柴油等提供免税
	《可再生能源法》	2000 年	提出了可再生能源上网电价的补贴激励政策
立法保障类	《可再生能源法》	2000 年制定并实施，2004 年、2009 年、2011 年、2012 年和2016 年修订	规定出具体的政策和实施方法，并结合不同时期可再生能源利用现状，对相应的法律法规进行了5次修订和完善
	《生态税法》	1999 年，后多次修订	可再生能源发电税费减免补贴，引导和推动各个领域开展能源转型
	《可再生能源供热法》	2009 年	提出使用可再生能源供热义务以及出台财政支持措施

1.1.3 项目实践

在政府部门引导下，德国分阶段开展了两个批次的系列示范项目，对能源互联网进行了初步探索和试验示范。其中，2008 年启动的 E - Energy 项目，从市场、技术、系统层面全方位探索了信息通信技术推动不同能源系统之间耦合、互联、交易的潜力和实现方式。2012 年启动的 C－sells 项目隶属于"智慧能源——能源数字化转型"展示计划（SINTEG），致力于打造小型的数字化能源互联系统，实现区域内的能源产消微平衡和优化。

（一）E－Energy 项目

E－Energy 是德国联邦经济技术部（BMWi）发起的能源互联网创新计划，综合地区能源结构特点、经济发展特点、能源消费模式、基础支撑平台等多维因素，选取了 6 个具体试点项目，主要针对以分散且波动性较大的可再生能源为主导的能源互联系统开展研究探索。E－Energy 项目 6 个试点的主要研究内容如表 1-3 所示。

表 1-3　　　　　　　　　德国 E－Energy 项目主要研究内容

项目名称	主要研究内容
库克斯港 eTellighence 项目	构建一个复杂的能源调节系统，引入虚拟电厂、动态电价等新元素，通过先进通信技术实现负荷调节，提高对新能源的消纳能力，并形成区域性的一体化能源市场
莱茵-鲁尔地区 E－DeMa 项目	探索了差异化电力负荷密度下的分布式能源社区中，能源交易如何帮助系统运行和平衡
斯图加特 Meregio 项目	通过用户侧大范围感知技术的应用，定位配电网中薄弱环节，进而通过红绿灯电价信号引导用户用能，降低电网阻塞率，提高配电网的运行效率
曼海姆地区 Moma 项目	提出细胞电网的概念，通过分层分级协调，实现了复杂能源系统的运行控制和市场交易
亚琛 Smart Watts 项目	运用信息通信技术对电力从生产到消耗进行全环节追踪，帮助消费者通过智能电表来获知实时变化的电价，根据电价高低来调整家庭用电方案
哈慈山区 RegModHarz 项目	通过用电侧整合储能设施、电动汽车、可再生能源和智能家用电器的虚拟电厂，实现区域的 100% 可再生能源供应

（1）eTelligence 项目——智慧的能源与市场。

eTelligence 项目选择在人口较少、风能资源丰富、负荷种类较为单一的库克斯港进行，旨在构建一个复杂的能源调节系统，引入虚拟电厂、动态电价等新元素，通过先进通信技术实现负荷调节，提高对新能源的消纳能力，并形成区域性的一体化能源市场。

该项目主要由 1 座风力发电厂、1 座光伏电站、2 座冷库、1 座热电联产厂和 650 户家庭组成，650 户家庭都安装了智能电表，电表的数据可以在用户的 APP 上进行可视化展示。项目尝试用冷库作为储能设备来调节风电出力，并引入动态电价来激励发、用电进行匹配，此外，还利用虚拟电厂来对分散的发、用电设备进行集中管理。

经过几年的运行，eTelligence 取得了较好的经济效益和社会效益：

1）虚拟电厂应用方面，通过构建虚拟电厂减少了 16％的由风电出力波动造成的功率不平衡问题。

2）电价机制改革方面，动态电价激励发、用电进行匹配，为 650 户家庭平均降低了 13％的电费，让他们愿意每月支付 2 欧元租用智能电表，使项目能够持续运营。

3）能源市场建设方面，虚拟电厂作为电能的生产消费者（Prosumer），根据内部电量的供求关系与区域售电商进行交易，可以降低 8％～10％的成本，热电联产厂作为电能的生产者实现电力的全量销售，其利润也有所增加。2011 年 eTelligence 与区域电能系统的交易情况如图 1-6 所示。

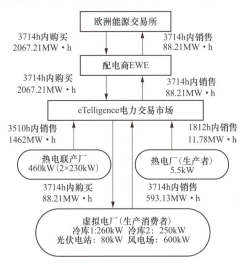

图 1-6　2011 年 eTelligence 与区域电能系统的交易情况

（2）E－DeMa 项目——分布式能源系统的数字化交易。

E－DeMa 项目选址于莱茵——鲁尔地区的米尔海姆和克雷菲尔德两座城市，探索了差异化电力负荷密度的分布式能源社区中，能源交易如何帮助系统运行和平衡的问题。项目共有 700 个用户参与，其中部分家庭安装了微型热电联产装置。区域内还有多家售电商，用户可以便捷地更换售电公司。

项目的核心理念是通过智能能源路由器进行管理，实现分布式能源社区中的数字化交易。智能能源路由器是电能生产者与消费者之间的中继站，受益于先进的感知设备和广泛的连接网络，对于接收到的电能，可以实时地根据网络承载、用户负荷以及市场交易信息，分配新的物理地址实现传输，如图 1-7 所示。其功能特点在于一方面能够通过智能控制实现需求响应，另一方面具有智能调度功能，实现对分布式能源出力的优化分配。

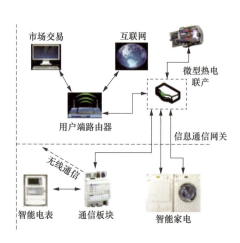

图 1-7　智能能源路由器示意图

通过在用户端安装智能能源路由器，售电商可以整合分散的负荷和小型发电设备，互相之间进行数字化电力交易，通过交易：①提升了能源网络的整体运行效率，使系统更加稳定；②通过价格信号引导降低了终端用户电费，使用户得到收益，两者共同促进了具有差异化电力负荷密度社区的产消有机平衡。

(3) Meregio 项目——基于红绿灯电价信号的需求侧响应。

Meregio 项目开展于德国南部斯图加特地区的格平根和弗莱阿姆特两个小城，有较发达的工商业，共有 1000 个工商业和家庭用户参与了此项目。当地已有大量的分布式可再生能源接入配电网中，由于配电网的网架结构比较薄弱，使系统长期面临阻塞问题。为此，项目旨在通过用户侧大范围感知技术的应用，定位配电网中最薄弱的环节，进而通过红绿灯电价信号引导用户用能，降低电网阻塞率，提高配电网的运行效率。

Meregio 项目主要措施及效果有：①**在用能管理方面**，引入红绿灯电价制度，红、黄、绿分别代表高、中、低电价，通过电价信号引导用户科学用电，同时缓解配电网阻塞问题。要实现这一点首先要识别用户的负荷曲线，智能电表将用户的实时负荷数据上传到数据中心，使电网运营商能准确把握配电网负荷特征，定位当前潮流下潜在阻塞节点，并将信息解码为用户易于理解的颜色信号反馈到用户端。②**在设备改造方面**，引入了智能变压器，能够根据低压网中馈入的可再生能源电力情况来实时调整中压网的电压水平，使分布式能源消纳能力提高了近一倍。

(4) Moma 项目——城市级别的细胞电网。

Moma 项目位于德国南部的工业城市曼海姆，这里卫星城市众多，且能源供给主要来自于分布式能源。Moma 项目的核心是在能源互联网中提出了细胞电网的概念，通过分层分级协调，实现了能源互联系统的运行控制和市场交易。

细胞电网分为 3 个层级：物体细胞（家庭）、配电网细胞（小区）和系统细胞（区域），如图 1 - 8 所示。细胞电网中的每层细胞都能独立优化、平衡和调整。下级细胞与上级细胞之间通过 PLC（可编程逻辑控制器）通信，上级细胞通过 IP 网络协议来识别下级细胞，系统细胞对电网具有调度和控制作用，进而形成三级完备控制和市场架构。对于系统细胞来说，只用关心配电网细胞提供的接口能量交换，而不用关心每个物体细胞内部的能量交换情况。在物体细胞和配电网细胞平衡过一轮之后，留下的残余功率不平衡由系统细胞去调度和补足。

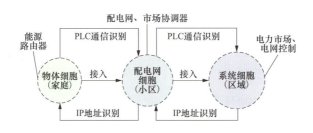

图 1-8　Moma 项目提出的细胞电网概念

Moma 项目关于细胞电网概念的实践具有以下特点：

1）节能降损，细胞内部的供需平衡使得分布式可再生能源就近消纳，避免传输损耗。

2）保障电网安全，当一个细胞电网崩溃时，可以立即拉停该细胞电网，避免波及大电网。

3）降低系统管理复杂度，分区分层的结构降低了由于大量分布式设备接入引起的电网管理复杂度，该理念适合未来多元素复杂能源互联系统发展。

（5）Smart Watts 项目——面向用户的智慧能量管理。

Smart Watts 项目位于德国工业城市亚琛，共有 250 个家庭参与了该项目。项目核心是运用信息通信技术开发面向用户的用能管理 APP，向用户传达自家用电设备的电力消耗水平，然后消费者通过智能电表来获知动态电价信息，根据电价来调整家庭用电方案。

Smart Watts 项目的主要措施及效果为：

1）智能用电管理，通过智能插座获知家庭用能设备用电数据，并通过用能管理 APP 控制家电开关或设定参数，使其自动根据电价情况优化运行。实际运行数据结果表明在价格最低的时段，负荷上升了 10%；在价格最高的时段，负荷下降了 5%，削峰填谷效果显著。

2）破除信息壁垒，EEBus 是能够将不同家用电器、不同市场数据、不同电网数据和售电公司结算数据都统一起来的信息通用接口与转换装置，其真正打通了能源系统内部各元素之间的信息壁垒，让所有信息都能够在一个平台上进行优化，EEBus 工作原理示意图如图 1-9 所示。

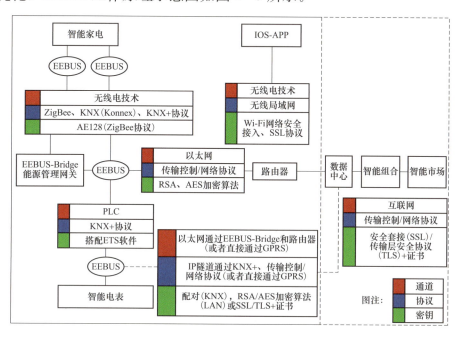

图 1-9　EEBus 的工作原理示意图

（6）RegModHarz 项目——100％可再生能源系统。

RegModHarz 项目开展于德国的哈慈山区，其基本物理结构为 2 个光伏电站、2 个风电场、1 个生物质电厂，共 86MW 发电容量。RegModHarz 项目的核心目标是通过用电侧整合储能设施、电动汽车、可再生能源和智能家用电器的虚拟电厂，实现区域的 100％可再生能源供应。

RegModHarz 项目的主要措施是：①建立家庭能源管理系统对家电实现信息收集管理，并结合动态电价控制家电运行状态，同时追踪可再生能源发电量变化，实现负荷和电源的双向互动；②光伏、风机、生物质发电、电动汽车和储能装置等共同构成了虚拟电厂，参与系统运行和市场交易。

RegModHarz 项目成效主要有：①**实现用能设备在信息传输方面的即插即用**，开发设计了基于 Java 的开源软件平台 OGEMA，对接入的电气设备设定标准化的数据结构和接入模式，支持统一的能效管理；**②虚拟电厂直接参与电力交易**，丰富了配电网系统的调节控制手段，为分布式能源系统参与市场调节提供了参考；**③区域内 100% 清洁能源供给**，基于域内储能设备、虚拟电厂进行调节，能够平抑域内风机、光伏等发电设备的输出功率波动，论证了在区域电力市场范围内是完全能实现 100% 可再生能源供应的。

（二）C‐sells 项目

C‐sells 项目选址在德国南部的巴伐利亚州、巴登-符腾堡州和黑森州，覆盖了德国重要的工业负荷中心，如斯图加特、莱茵-内卡区域、大慕尼黑地区，涵盖 2602 个城镇、3000 万人口、80 万个能源用户。C‐sells 项目通过数字基础设施连接大量智能楼宇、社区、城市，形成多能流耦合规划和控制的"细胞"单元，在此基础上构建区域优化的蜂窝能源互联系统，如图 1‐10 所示。

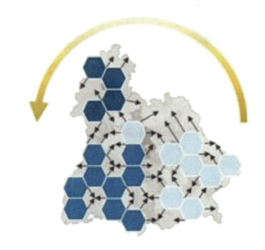

图 1‐10　C‐sells 蜂窝能源互联系统的运行示意图

C‐sells 中"细胞"是能源系统中的最基本单元，它是一个多样化的、在空间上集成的能源基础设施，可以根据一定原则进行自我治理。其自治度受很多因素的影响，包括容量大小、系统结构等。一方面，这些基础单元是能源系统中的技术实现元素，包括新能源和传统能源设备、储能设施、能源网络等；另一方面，也是能源市场的基础组成单元。图 1‐11 所示为"细胞"间能量、信息交互示意图。

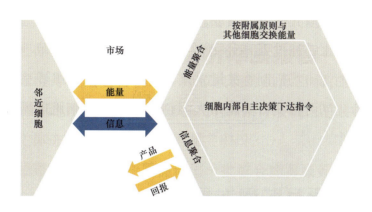

图 1-11　"细胞"间能量、信息交互示意图

C-sells 初步实现了单个"细胞"的能源信息融合调度。一个细胞结构的基本功能是为位于其中的用户供应能源，该结构可以通过分布式能源、生产者与消费者之间的互动，将能源网络整体划分为"细胞"进行治理，有助于应对电网日益增长的复杂性。将来还需要进一步开发供能系统的灵活性，例如通过能源和信息基础设施将不同基础元素连接起来，保证信息和能源的安全流动互通，并通过电、热、冷等多能互补实现细胞结构内的局部优化。C-sells 采用使能源系统更加灵活的蜂窝组网方式，实现能量互济和综合优化，提升整体运行效率。

1.1.4　小结

总体来看，德国能源互联网发展具有以下特点：

(1) 发展动因上，德国受化石能源匮乏、核能角色弱化、减排目标压力大等多重因素影响，对可再生能源利用、能效提升需求迫切，德国政府提出大力推动以"能效优先、可再生能源开发利用、跨领域耦合"为三大要素的能源转型，建设能源互联网是其推动能源转型的关键着力点。

(2) 发展方向上，德国结合其"工业 4.0"发展战略和自身数字化产业发展优势，在能源互联网建设过程中侧重于推动能源数字化发展，利用先进信息技术对能源系统进行全环节改造，通过能源信息深度融合来推动能源系统向着清洁化、智能化、高效化的方向发展。

（3）实践探索上，通过 E‐enegy、C‐sells 等一系列示范项目对能源信息融合应用、新型能源市场机制等关键要素进行了探索，并组成系列项目以形成规模化示范效应，同时在项目实施中大胆创新，提出了细胞电网、区域蜂窝能源系统等创新理念。

1.2 美国能源互联网发展

美国是发展能源互联网领域的先驱国家之一，其能源互联网建议侧重于立足电网，借鉴互联网开放对等的理念和体系架构，对能源网络关键设备、功能形态、运行方式进行创新变革，形成能源系统互动融合、关联主体即插即用的新型能源网络。美国学者杰里米·里夫金指出，能源互联网（Energy Internet）应具有以可再生能源为主要一次能源、支持超大规模分布式发电系统与分布式储能系统接入、基于互联网技术实现广域能源共享、支持交通系统由燃油汽车向电动汽车转变四大特征。近年来，受经济发展、能源安全、环保减排等多重因素驱动，美国以智能电网为基础，不断推进能源领域技术进步和能源互联网发展。

1.2.1 发展基础

（一）能源系统转型

美国能源资源丰富，石油、天然气探明储量位居世界前列，太阳能、风能开发潜力巨大。页岩气革命改变了美国石油、天然气对外依存度高的局面。2008 年金融危机后，时任奥巴马政府大力推动"清洁能源国家战略"，将清洁能源产业作为应对经济危机的关键力量，使得清洁能源占比在这一时期得到了快速提升，促进了能源结构的多元化发展。

能源供应仍以化石能源为主，可再生能源占比逐步提升。如图 1 - 12 所示，截至 2018 年，美国一次能源供应结构中化石能源占比为 84.3%，非水可再生能源占比占比 4.5%，较上年增长 0.2 个百分点，2013－2018 年五年间累计增长 1.9 个百分点。图 1 - 13 所示为 2018 年美国分燃料发电量结构，非水可再生能源发电量占比为 10.1%，较上年增长 0.6 个百分点，2013－2018 年五年间累计增长 7.3 个百分点。其中，风电、太阳能发电增长迅速，年平均增速分别达到 10.4% 和 42.1%。

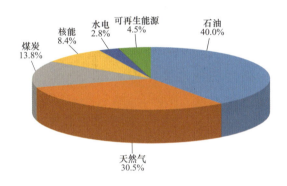

图 1 - 12　2018 年美国一次能源供应结构

数据来源：英国石油公司：《世界能源统计年鉴 2019》（BP：Statistical Review of World Energy 2019）。

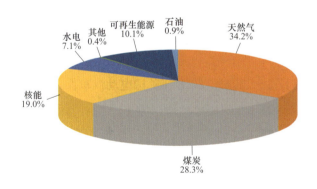

图 1 - 13　2018 年美国分燃料发电量结构

数据来源：国际能源署：《世界能源平衡 2019》（IEA：World Energy Balances 2019）。

能源消费以石油为主，天然气、电能并重，交通领域电气化水平快速提升。如图 1 - 14 所示，截至 2017 年，美国天然气和电能占终端能源消费的比例分别为 22.8% 和 21.2%。得益于电动汽车保有量的快速增长，2013—2018 年美国交通领域电能消费保持了 11.3% 的年均增速。如图 1-15 所示，截至 2018 年，美国电动汽车总量达 112.3 万辆，2018 年全年新增 36.1 万辆，同比增长 47.4%。

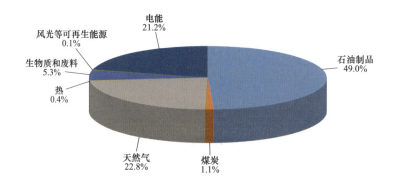

图 1-14　2017 年美国终端能源消费结构

数据来源：国际能源署：《世界能源平衡 2019》（IEA：World Energy Balances 2019）。

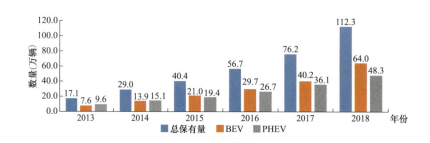

图 1-15　2013—2018 年美国电动汽车保有量变化

数据来源：国际能源署：《2019 全球电动汽车展望》（IEA：Global EV Outlook 2019）。

储能发展方面，美国电网侧储能规模快速增长，在调频辅助服务和削峰填谷等领域开始商业化应用，用户侧储能也进入推广应用阶段。 截至 2017 年底，美国电化学储能项目❶累计装机规模达 708MW，过去 3 年新增规模占到总投运规模的 2/3。分布式储能装机规模达到 54MW，同比增长 26.5%。随着居民侧

---

❶　本部分储能相关数据来自美国能源信息署（EIA）。

分布式光伏装机的高速增长（2017 年达到 117.7％），美国居民侧储能规模呈现较快发展态势。图 1-16 所示为 2017 年美国储能项目的规模及分布。

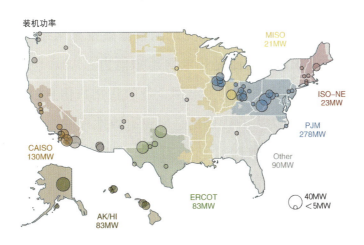

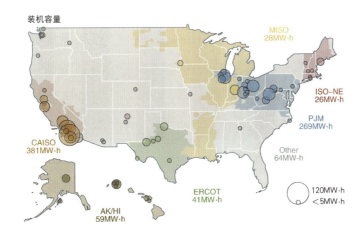

图 1-16　2017 年美国储能项目的规模及分布图

MISO—中部独立系统运营商；CAISO—加州独立系统运营商；ISO-NE—新英格兰独立系统运营商；

PJM—宾夕法尼亚-新泽西-马里兰州联合电力系统；ERCOT—德州电力可靠性委员会；

AK/HI—阿拉斯加/夏威夷；Other—其他

（二）能源信息融合

美国在先进测量基础设施和现代信息通信技术支撑下，以智能电网为核心的能源信息融合发展处于世界领先水平。同时，大力支持投资能源数字化领域的初创公司，进一步促进能源信息融合技术的发展创新，这些都为能源互联网发展奠定了坚实的基础。

美国通过构建以智能电表为主的先进测量基础设施网络（Advanced Metering Infrastructure，AMI），全面提升电网感知能力。 AMI 包括智能电表、通信网络和信息管理系统，一方面，为电网企业收集用户信息以制定针对性的服务模式；另一方面，为电力客户提供信息以更有效地控制能源消费。截至 2017 年底，美国智能电表安装数量达到 7890 万只，同比增长 11.4%，覆盖率达到 51%。2012—2017 年美国智能电表数量如图 1-17 所示。

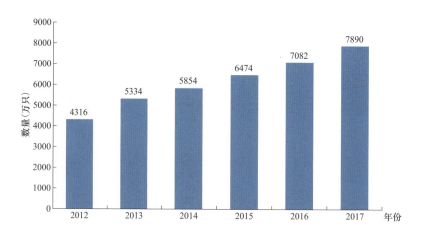

图 1-17　2012—2017 年美国智能电表数量

数据来源：彭博新能源财经：智能电表市场规模交互式数据库（BNEF：Smart Meter Market Size Interactive Datasets）。

在北美同步相量计划（North American Synchro Phasor Initiative，NASPI）支持下，美国境内绝大部分州部署了同步相量测量单元（Phasor Measurement Unit，PMU）并联网，进一步加强了电网信息化水平。 PMU 打破洲际壁垒，推动和建立跨区域的数据集成和共享机制，为进一步提升电网感知能力，探索 PMU 数据在能源互联网规划、运行、控制方面的价值奠定基础。北美地区 PMU 布点如图 1-18 所示。

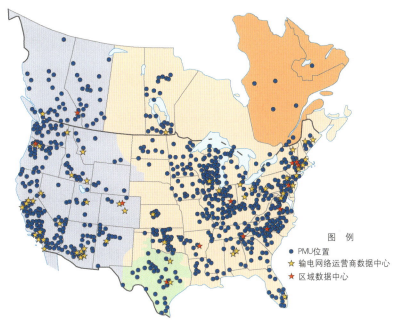

图 1-18 北美地区 PMU 布点图❶

美国在数字化领域投资规模和初创公司数量均为世界第一，为能源系统数字化发展提供了充足的资金和完整的供应链。截至 2017 年，美国在数字化领域的风险/私募股权投资总量达到 1250 亿美元❷，其中能源领域新型数字化服务企业获得了充足的资金支持，在能源信息融合技术方面做出了大量探索。美国能源行业典型初创企业介绍如表 1-4 所示。

表 1-4　　　　　　　　　美国能源行业典型初创企业介绍

公司	业务介绍	总投资（百万美元）
C3 IoT	为电网公司提供智能电网物联网（IOT）平台	231
AutoGrid	虚拟电厂软件平台	42
TENDRIL	家用能量关系系统软硬件	168

❶　图片来自 NASPI 官网。

❷　本部分相关数据来自报告《Country Ranking：Leaders in Energy Digitalization》，彭博新能源财经（BNEF）。

公司	业务介绍	总投资（百万美元）
sparkcognition™	能源生产的人工智能分析	44
INGENU	能源机械的无线网络提供	73

（三）能源市场建设

美国拥有较为完备的天然气市场化交易体系，积极推进电力市场化改革，形成了较为完整的能源市场监管框架，为能源互联网市场建设提供了保障。

美国天然气上游市场采用竞争性定价机制，进口价格完全由市场形成。中游管道建设和运营在第三方无歧视准入基础上，采用服务成本定价法。随着天然气现货与期货市场发展，天然气价格市场化进程加快。亨利中心（Henry Hub）的市场交易价格已成为美国天然气产业链各环节的价格基准。据 IEA 统计，美国天然气基础设施包括 210 多个天然气管道系统，已形成高度集成、覆盖 48 个州的天然气输配网。发达的天然气输送系统可以将天然气从供应区输送到不同规模不同层级的市场，为天然气市场交易提供良好的硬件条件。在天然气市场监管机构方面，美国形成了联邦、州、地区多级协调的监管格局。其中，联邦政府负责制定天然气社会性监管的相关法律和跨区域监管，州政府承担实际监管权。

美国从 1992 年开始进行电力市场化改革，目前已建立 7 个有组织的区域电力批发市场，覆盖 31 个州。此外，有 15 个州同时进行了售电侧改革，允许终端用户自由选择供电商购电。美国电力市场的显著特点是市场主体多元化，区域电网的调度运行由电力公司自发形成，通过成立独立系统调度运行机构（ISO 或 RTO），保障系统运行安全和促进更大范围的交易。美国的电力市场监管采用国家一级和州一级的两级监管。国家一级的监管机构主要是联邦能源管理委员会（Federal Energy Regulatory Commission，FERC），主要负责监管各州的电力批发市场和州际间的电力传输，同时负责电力市场监控和调查。

州一级的监管机构是州公用事业委员会（State Public Utility Commission，SPUC），SPUC 负责监管州内的电力零售市场、电力分配以及可再生能源份额的制定。

1.2.2 政策支持

美国将智能电网和综合能源网络建设作为向能源互联网转型发展的重点，出台了一系列相关战略规划和财政激励类政策，并通过立法的形式将智能电网发展设立为国家战略、明确了储能的市场地位、提出了加强标准体系建设。美国能源部公布的电网发展远景规划《Grid 2030》明确提出建设国家骨干网，实现区域电网互联，建设局部、小型的微电网的发展思路。2009 年制定的"能源部智能电网专项资助计划"拨款 34 亿美元对智能电网的先进技术进行研究示范，其中 6.15 亿美元用于启动"能源部智能电网示范工程计划"。2018 年 2 月，美国颁布第 841 号法案，要求系统运营商降低储能参与电力市场的限制。在州政策方面，则制订了储能采购目标，建立经济激励，将储能纳入综合资源进行统筹规划。特朗普执政后推出的"美国能源主导战略"将进一步推动能源高效利用和能源领域先进技术发展。美国主要能源政策总览见表 1-5。

表 1-5 美国主要能源政策总览

政策类型	政策名称	颁布时间	政策内容
目标导向类	《Grid 2030》	2003 年	一是要建设国家骨干网，二是区域电网实现互联，三是建设局部、小型和微电网
	《国家电力传输技术路线图》	2004 年	对《Grid 2030》在电力传输技术研发路线规划方面的补充
	《电力输送系统升级战略规划》	2007 年	对《Grid 2030》在电力系统规划、示范方面的补充
	《美国能源主导战略》	2017 年	作为美国能源安全、经济复兴的重要支柱，主要侧重点为增大油气产量、加大出口以及在能源技术方面占领制高点

续表

政策类型	政策名称	颁布时间	政策内容
财政 激励类	《复苏与再投资法案》	2009 年	美国能源部将在今后 2～3 年间提供给电力传输部门总额为 110 亿美元的经费资助
	能源部智能电网 专项资助计划	2009 年	启动 34 亿美元的专项资助计划
	能源部智能电网 示范工程计划	2009 年	启动 6.15 亿美元的示范工程计划，并于 2009 年 11 月底宣布了示范工程的入选项目，带动的私有部门投资超过 10 亿美元
	2015 年总统预算	2015 年	对能源部增加额外的 52 亿美元投资来支持对智能电网和可再生能源相关技术的支持
	国内税务署光伏税收 减免退坡计划	2018 年	制定光伏投资税收减免额度退坡计划，从 30% 到 2020 年降至 26%，2021 年降至 22%，2021 年后降为 0
	能源部光伏 专项资助计划	2019 年	宣布 1.3 亿美元的太阳能发电技术及示范项目资助
立法 保障类	《能源独立与安全法案》	2007 年	该项法令以法律形式确立了发展智能电网在美国的国策地位，并针对建设智能电网的组织形式、技术研究等关键问题进行明确的规定
	《复苏与再投资法案》	2009 年	对《能源独立与安全法案》智能电网章节做了修订，扩大了智能电网资助对象范围，提高了政府补贴力度，强调信息公开和采用开放的标准协议
	联邦能源管理委员会 "储能无歧视参与 电力交易"规定	2018 年	对储能无歧视参与各区域批发电力市场做出明确规定，标志着储能全面进入电力市场交易
技术 标准类	《能源独立与安全法案》	2007 年	明确了智能电网标准体系建设工作，并指定美国国家标准技术研究院来牵头完成这项工作
	《智能电网互用性标准 框架和路线图》	2010 年	选定了适用于当前智能电网实施的标准，包括 25 项已经取得广泛共识标准和 50 项有待进一步论证的待定标准，并根据标准的急需程度制定了优先行动计划

1.2.3   项目实践

美国能源互联网项目实践主要包括智能电网和综合能源网络建设两个方面，侧重依托项目对能源电力领域先进技术进行研发，通过信息物理融合实现关联主体即插即用、能量梯级利用和能效提升，探索智能能源管理新方案。

（一）FREEDM 项目

2008 年，美国北卡罗莱纳州立大学 AlexQ. Huang 教授提出了能源互联网概念雏形，并启动了 FREEDM 项目，计划在电力电子、高速数字通信和分布式控制技术的支撑下，建立智能配电网架构吸纳大量分布式能源，并通过综合控制能源的生产、传输和消费各环节，实现能源的高效利用。

项目借鉴互联网开放对等的理念，以"能源路由器（Energy Router）"的研发为切入点，围绕电力电子设备、运行控制系统、配电网智能管理系统等开展相关基础研究，构建包含固态变压器、分布式可再生能源、分布式储能装置、负荷、智能能量管理等模块，实现分布式能源即插即用、用户电网双向互动的智能配电系统，如图 1-19 所示。

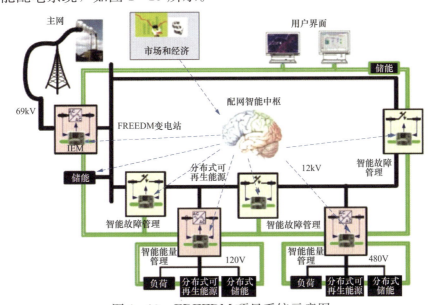

图 1-19   FREEDM 项目系统示意图

固态变压器（Solid State Transformer，SST）是 FREEDM 项目研发的核心设备，也是能源路由器的雏形。与传统变压器不同，SST 还集整流、逆变为一体，便于各种形式的分布式能源、储能装置和负荷即插即用，并且能够实现能量和信息双向流动。在此基础上，智能能量管理系统根据本地实时信息对系统中的事故或不正常运行状态做出自动快速响应。智能能量管理系统的控制模块可监视系统各功能模块，实时读取高速、双向的能源供需数据，还可为分布式可再生能源装置、储能装置和负荷提供接入管理。

FREEDM 项目建立了一种高效、先进的智能配电网系统，具有以下优势：①可实现分布式发电电源及分布式储能设备的即插即用功能；②具有脱离传统大电网孤岛运行的能力；③可确保电力系统安全、稳定、高效运行。

（二）马里兰大学楼宇冷热电联产项目

美国马里兰大学楼宇冷热电联产（Building Combined Heat Power，BCHP）项目是由美国能源部、橡树岭国家实验室以及马里兰大学共同推动的一个集展示、科研等多种用途于一体的项目。项目旨在依托马里兰大学校园，以楼宇冷热电联产机组为核心设备，构造一个满足教学区冷、热、电综合用能需求，能源梯级利用的小型综合能源系统。

项目基于对马里兰大学冷、热、电负荷特性的深入调研，进行了综合能源规划，兼顾余热利用效率和楼宇能源需求，设计了以 BCHP 机组为核心的冷热电联供系统。整个系统由一台 BCHP（包括微型燃气轮机和吸收式制冷机）机组、供冷供热网络、供电网络以及楼宇负荷组成，能够提供 23RT 冷量和 75kW 的电功率。微型燃气轮机发电产生的尾气导入溴化锂吸收式制冷机，以尾气加热发生器内的溴化锂溶液并产生高温蒸汽，在制冷模式运行时，蒸汽冷凝为冷剂水后在蒸发器内蒸发，制取空调冷水（额定出水温度为 6.7℃）；在制热模式运行时，蒸汽在蒸发器内加热空调水，制取采暖温水（额定出水温度为 50℃）。整个系统仅发电端消耗燃料，制冷机利用燃气轮机尾气余热转换为冷和热，系统冷热电负荷比为 1.17∶1.4∶1，节能率达到 20％以上。马里兰大学楼宇热电联产项目运行原理示意图如图 1-20 所示。

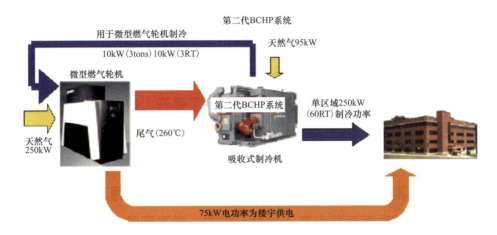

图 1-20　马里兰大学楼宇热电联产项目运行原理示意图

以 BCHP 为核心的马里兰大学综合能源系统具有以下优势：①分布式电源供电系统可大大减轻电网扩建规模，节约大量资源，使远距离输电损失通过 BCHP 的应用节省下来；②吸收式制冷技术使能量得到梯级利用，能效大幅提高，同时减排二氧化碳，保护了环境；③区域冷、热、电能源能够基本实现自给自足，具备一定的独立性和可靠性。

1.2.4　小结

总体来看，美国能源互联网发展具有以下特点：

(1) 发展动因上，美国能源资源禀赋的突出优势为其以化石能源和清洁能源并重的能源系统发展思路奠定了坚实基础，并初步形成了多元化能源生产消费体系，为促进多种能源的高效综合利用，建设能源互联网是行之有效的解决方案。

(2) 发展方向上，结合其在智能电网发展方面的优势条件，在能源互联网建设过程中突出电网的枢纽作用，侧重于能源电力领域先进技术研发，借鉴互联网思维打造具备多种能源高效综合利用，分布式能源、电动汽车等海量主体即插即用的智慧能源网络。

（3）实践探索上，注重对智能配电网、综合能源系统等能源互联网关键要素和重点领域进行应用实践，开展了 FREEDM 等典型示范项目，对"能源路由器"等能源互联网先进设备进行探索研发。

1.3　日本能源互联网发展

日本作为世界上最早对能源转型引起重视的国家，其能源互联网发展的侧重点在于区域综合能源系统建设，从技术革新、推广新能源、改变能源消费结构三个方面着手，提高能源效率，推动能源节约。在日本，分布式能源系统大多以单体用户为供能对象，用户负荷单一、波动性强，供需互动难以有效实现。为破解上述困局，近年来日本各大能源商开始尝试突破现有分布式能源系统的供能边界，将同一区域范围内多个相邻的分布式能源用户纳入统一供能体系，通过构建区域能源互联系统实现能源的共享与交易。

氢能因具有清洁、高效以及便于规模化存储等特点，其发展受到日本政府大力支持，并希望通过构建"氢能社会"为能源转型注入新动能。在 2014 年发布的《能源基本计划》中，日本政府将氢能定位为与电力和热能并列的核心二次能源，并提出建设"氢能社会"的愿景。氢能同电能一样是多种能源间转换的桥梁，富余可再生能源电力电解水制氢，氢通过燃料电池驱动电动汽车，或者甲烷化反应注入气网，可以实现天然气网与电力网的耦合，为能源互联网的多能互补创造了有利条件。

1.3.1　发展基础

（一）能源系统转型

日本作为岛屿国家，国土面积狭小，一次能源极度匮乏，工业生产和日常生活的能源大量依靠进口。受福岛核电站事故影响，核能在日本能源结构中的角色迅速弱化，导致其能源自给率最低时仅有 6%～7%，严重威胁本国能源安全。然而，日本山丘众多，地震频发，难以建设大规模可再生能源生产基地和长距离能源输配电网络，因此区域性综合能源系统成为促进可再生能源利用、提高能源自给率和利用效率的最佳方式。近年来，日本能源转型持续推进和深化，取得了较好的效果。

能源供应结构日趋多元，可再生能源增速较快。如图 1‑21 所示，截至 2018 年，化石能源占日本一次能源供应总量 87.9%，非水可再生能源供应量同比增长 13.4%，占一次能源供应总量的 5.6%。图 1‑22 是 2018 年日本分燃料发电量结构，受福岛核事件影响，核电占比较 2010 年大幅下降 18.3 个百分点，非水可再生能源发电量在此期间大幅增长 7.8 个百分点，占比达到 10.0%，其中光伏增长势头强劲，年平均增速达 44.6%。

图 1‑21　2018 年日本一次能源供应结构

数据来源：英国石油公司：《世界能源统计年鉴 2019》（BP：Statistical Review of World Energy 2019）。

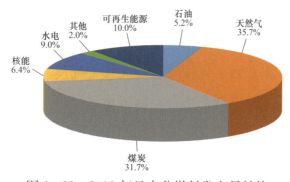

图 1‑22　2018 年日本分燃料发电量结构

数据来源：国际能源署：《世界能源平衡 2019》（IEA：World Energy Balances 2019）。

在能源消费方面，日本电气化水平较高，受政策影响，其氢能消费量在未来将会大幅增长。如图 1-23 所示，截至 2017 年，天然气和电能在日本终端能源消费中的占比分别为 10.3％和 28.4％。虽然目前氢能消费并未有专业机构进行统计，但受日本政府建设"氢能社会"等政策利好和燃料电池汽车保有量的增加，预计未来其消费将会大幅增长，成为构建能源互联网主要能源之一。

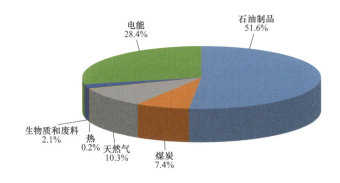

图 1-23   2017 年日本终端能源消费结构

数据来源：国际能源署：《世界能源平衡 2019》（IEA：World Energy Balances 2019）。

在储能发展方面❶，为了帮助大规模可再生能源并网，提高电网稳定性，日本将储能列为大力发展方向。早在 2014 年，日本产业经济省就推出了针对锂离子电池用户的补贴政策，补贴额最高可达 66％。经过近年来的快速发展，目前日本电化学储能容量超过 250MW·h，位列全球第 5 位。同时，受益于政府层面对氢能的大规模推广，目前日本燃料电池汽车保有量占到全球总量的近 1/4。

（二）能源信息融合

日本高度重视能源领域信息化建设，不断应用数字化技术提升能源电力网络发展水平。政府在工业数字化领域有较大投资规模，以东京电力公司为代表的能源巨头也投入了大量资金推动企业数字化转型，为能源与信息深度融合创造了良好条件。

能源网络感知能力随着大量智能表计的装设稳步提升。日本于 2010 年制定

---

❶   本部储能相关数据来自日本政府产业经济省官网。

了现行《能源基本计划》，其中规定"力争在 21 世纪 20 年代的尽早阶段，原则上实现所有用电户都采用智能电表"。截至 2017 年底，日本智能电表安装数量达到 3752 万只，同比增长 57.6%，覆盖率达到 49%。2012－2017 年日本智能电表数量变化如图 1-24 所示。

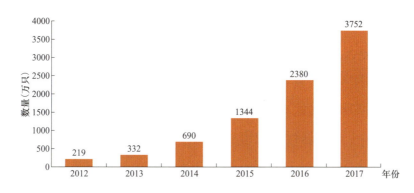

图 1-24　2012－2017 年日本智能电表数量变化

数据来源：彭博新能源财经：智能电表市场规模交互式数据库（BNEF：Smart Meter Market Size Interactive Datasets）。

2011 年，日本开始推广"数字电网（Digital Grid）"计划。该计划是基于互联网的启发，旨在构建一种基于各种电网设备 IP 来实现信息和能量传递的新型能源网，采用区域自治和骨干管控相结合的方式，实现能源和信息的双向互动。其出发点是为了减少大面积连锁故障和实现高渗透可再生能源消纳，核心是将同步电网分为几个异步的子电网，子电网之间通过数字电网路由器连接，直接调控潮流，使子电网内的波动和故障不会影响大电网。

日本政府计划 2020 年前在工业数字化领域投入国家研发预算 4.4 万亿日元（约合 360 亿美元）。东京电力公司作为日本最大的公用事业公司，在热电厂引入工业物联网技术，增强对发电厂设备实时状态数据采集，并在 2018 年底完成了对区块链初创公司 Electron 的早期投资，旨在借助 Electron 在区块链技术方向的领先优势，共同探索区块链为分布式能源提供点对点交易方案，促进可再生能源利用。

（三）能源市场建设

日本政府通过多次立法建立起较为完善的能源交易体系，保障了以天然气、电力为主的能源市场交易，为能源互联网市场发展奠定了基础。

20 世纪 90 年代以来，日本政府通过四次市场化改革，逐步解除对燃气事业市场的准入管制，允许更多新加入者进入燃气产业链各个环节。日本《燃气公用事业法》规定，燃气企业按照成本加成法制定价格，依据用户类型和负荷特点分类定价，确保燃气价格能反映真实使用成本，在价格制定上必须尊重公众的知情权，及时向公众公示具体的价格公式和调价方法。

日本从 1995 年开始进行电力市场化改革，采用了垂直一体化模式，在发电侧和售电侧引入竞争。在 2011 年底福岛核事故发生后，日本开始着手新一轮电力市场化改革方案研究。主要目标包括：一是实现电力安全稳定供应；二是最大限度抑制电价增长；三是扩大用户选择权和增加商业机会。2012 年，日本开始第五轮电力体制改革，2015 年进入改革实施阶段。2016 年，日本全面放开电力零售市场，允许所有用户自由选择售电商。

日本电力交易所（Japan Electric Power Exchange，JEPX）是为各电力公司、发电公司及售电公司开展电力余缺调剂提供的交易平台。目前，JEPX 有三个交易市场：分别是现货交易市场、期货交易市场和挂牌市场。自售电侧市场全面放开以来，批发电力交易所交易电量大增。从 JEPX 成员的电力采购情况来看，有 20% 以上的售电公司对批发市场具有较强的依赖性，其 80% 的电力需求在交易所购买。

1.3.2 政策支持

日本通过一系列战略规划、财政激励政策、法律法规为可再生能源发展提供了强有力的支持保障，不断推动能源系统清洁、高效转型，保障国家能源安全。早在 20 世纪 70 年代，日本就出台了《新能源技术开发计划》。1997 年，日本颁布了《新能源法》，通过立法形式推动太阳能、煤炭液化和气化、风力发电、地热能等能源新技术的研发和利用。2016 年公布的《能源革新战略》进一步确立了日本新能源战略的三大目标，即确立国民可以信赖的能源安全保障，为经济的可持续发展奠定基础；一体化解决能源问题和环境问题；为解决亚洲和世界能源问题做出积极贡献。同时，政府开始对每位购买燃料电池车的消费者提供补贴，推动氢能的快速普及。日本能源互联网相关政策见表 1-6。

表 1-6　　　　　　　　　日本能源互联网相关政策

政策类型	政策名称	颁布时间	政策内容
目标导向类	"新能源产业化远景构想"	2004 年	目标是在 2030 年以前，把太阳能和风能发电等新能源技术扶持成产值达 3 万亿日元的支柱产业之一
	《日本复兴战略》	2013 年	把发展氢能提升为国策，并启动加氢站建设的前期工作
	《能源基本计划》	2014 年	将氢能定位为与电力和热能并列的核心二次能源，并提出建设"氢能社会"的愿景
	《能源革新战略》	2016 年	公布了日本新能源战略的三大目标：确立国民可以信赖的能源安全保障；为经济的可持续发展奠定基础，一体化解决能源问题和环境问题；为解决亚洲和世界能源问题做出积极贡献
财政激励类	"新阳光计划"	1993—2020 年	每年平均投入约 362 亿日元用于技术研发，该计划将延续至 2020 年
	《推广太阳能发电行动方案》	2008 年	包含了清洁能源产业发展的大部分税收优惠政策
	氢能源汽车购买补贴	2016 年	对每位购买燃料电池车的消费者提供补贴。就 2016 年的市场情况来看，丰田汽车公司的 Mirai 车售价为 670 万日元/辆，补贴为 202 万日元/辆；本田珠式会社的 Clarity 车售价为 709 万日元/辆，补贴为 208 万日元/辆
立法保障类	《新能源法》	1997 年	立法推动太阳能、煤炭液化和气化、风力发电、地热能等技术的研发和利用，并提出对海洋能源进行开发利用

续表

政策类型	政策名称	颁布时间	政策内容
立法保障类	《能源政策基本法》	2002 年	推动和保障日本新能源产业的发展，实行责任制与补助制相结合的措施，用战略方案来辅助法律政策的实施，同时落实"服务型政府"和"管理型政府"，有效地为新能源的发展提供法律保障

1.3.3 项目实践

日本结合本国国情，主要以区域性电、热、冷、气综合能源系统建设促进可再生能源利用和能量梯级利用，进而提高能源自给率和利用效率，并探索了区域小型能源互联网络的实用性和经济性。

(1) 大阪市岩崎智慧能源网络。

大阪市岩崎地区拥有京瓷大阪体育场、永旺百货等大型用能设施，存在冷、热、电等多元化供能需求。因此，该地区早在 1996 年便建有岩崎能源中心，对区域内 13 家用户供热供冷供电。能源中心在 2013 年升级改造并引入热电联产系统，建立了区域"能源主站＋分站"的协同互补架构，有效满足用户多元化用能需求，确立了智慧能源网络的基本形态。图 1-25 所示为岩崎智慧能源网络示意图。

岩崎智慧能源网络项目的突出贡献在于创新了"能源子站面向社区、能源主站全域统筹、主站子站间协同互补"的供能方式，在区域层面构建了高效的能源利用体系。整个能源网络由 1 个主站和 3 个分站协同实现能源供应，其中主站配有燃气直燃机、余热回收型吸收式制冷机、电制冷机、热水锅炉等。分站 1 位于 ICC 大楼内，设置有燃气内燃机和余热回收型吸收式制冷机，其产生的余热除自身使用外，也可交换至主站。分站 2 位于地铁站附近，设置有燃气直燃机和燃气锅炉。分站 3 设置于"hug"博物馆内，设置有余热回收型吸收式制冷机，其热源来自于大楼内热电联产系统产生的余热以及太阳热，剩余部分可以交换至主站。图1-26所示为岩崎智慧能源网络配置图。

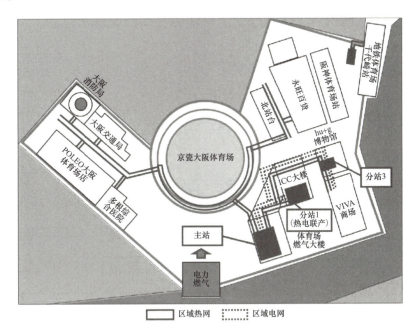

图1-25　岩崎智慧能源网络示意图

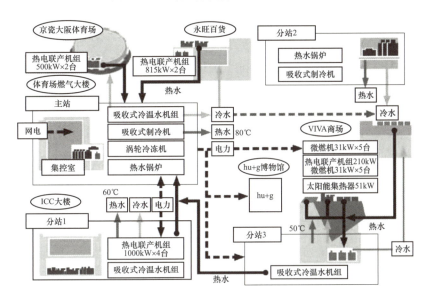

图1-26　岩崎智慧能源网络配置图

（2）千住混合功能区能源互联网。

千住混合功能区能源互联网项目是日本产业经济省的示范项目，于2011年开始运行，功能区范围内主要有东京燃气公司的千住技术中心和荒川区立养老院构成。图1-27 所示为千住混合功能区能源互联网配置示意图。

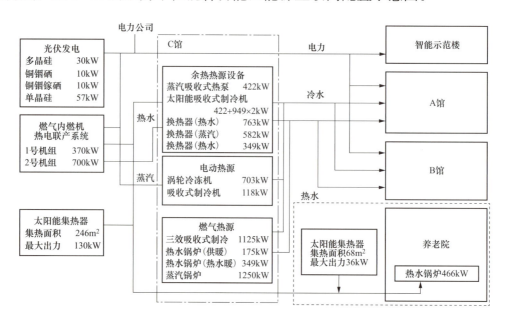

图 1-27　千住混合功能区能源互联网配置图

项目包含光伏发电、太阳能集热等多种可再生能源利用设备，通过热网和电网实现能量双向传输，依靠区域能源中心对各种能源进行综合调度和智能管控，以满足终端用户的多种能源需求。能源中心可利用多种热源，通过控制系统为其设置优先顺序，太阳能集热优先、热电联产余热其次。同时，在技术中心和养老院间构建了联络热网，为热力资源的互补协调奠定基础。实测结果表明，通过构建上述能源互联网，功能区全年节能13.6%，减排35.8%，节能减排效果显著。

（3）东京丰洲码头区域智能能源网络。

东京燃气集团于2014年开始在新开发的丰洲码头地区构建智能能源网络，为用户提供综合能源服务，其网络配置如图1-28 所示。

东京丰洲码头区域智能能源网络项目特点是在设置兼具能源供应与防灾提升功能的智能能源中心的同时，利用智能能源管理系统 SENEMS 对设备进行

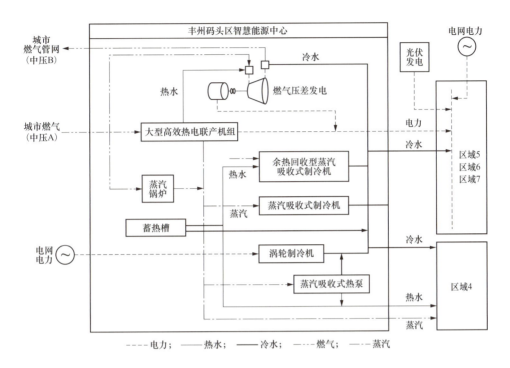

图 1-28　东京丰州码头区域智能能源网络配置图

实时最优控制，为区域内 4 个地块提供电、热等综合能源服务。具体而言，能源中心配置有 7MW 级大型高效燃气内燃机组、利用燃气压差的压差发电机（560kW）、余热回收型吸收式制冷机（2000RT）、电动制冷机（4000RT）、蒸汽锅炉，同时还设置有电力自营线路、中压燃气管网。该燃气内燃机额定发电效率高达 49％，与其他分布式能源协同，大约可提供区域电力峰值的 45％；同时，发电余热也可用于区域供热。据测算，通过建立智能能源网络，东京丰洲码头区域可以实现年二氧化碳减排 3400t，减排率约为 40％。

1.3.4　小结

总体来看，日本能源互联网发展具有以下特点：

(1) 发展动因上，日本能源极度匮乏，高度依赖进口，能源安全形势严峻。提升能源效率、推动能源节约、提高能源自给能力是能源转型发展的首要目标。通过建设能源互联网，推动分布式可再生能源的开发利用，以及包括氢能在内的多能高效转化利用。

（2）发展方向上，日本受制于国土面积和自然资源禀赋，建设大规模可再生能源开发基地和大范围能源传输网络并不现实，因此在发展方向上侧重于构建区域级能源互联网，实现分布式可再生能源可靠消纳和冷热电多能源综合利用，同时看重氢能的转换和存储优势，大力发展氢能，走上了具有日本特色的能源互联网发展之路。

（3）实践探索上，集中实践了以热电耦合网络为核心的区域能源互联网的实用性和经济性，重点探索了分布式可再生能源消纳、区域多能源综合利用等能源互联网关键要素，获得了较好的示范效应。

1.4　国外能源互联网发展经验

结合对德国、美国、日本能源互联网发展情况的分析，得到以下发展经验：

一是国外能源互联网发展仍处于起步阶段，各国基于自身国情和能源系统特点进行的探索各有侧重，没有形成统一的发展模式。例如德国油、气等化石资源匮乏，发展可再生能源、提升能源效率需求迫切，结合自身数字化转型机遇，德国在能源互联网发展中注重利用信息技术对能源系统进行全环节改造。美国紧抓"页岩气"革命的机遇一跃成为油、气净出口国，构建了化石能源与清洁能源并重的多元化能源供应体系，其在发展能源互联网过程中注重发挥智能电网的核心枢纽作用，并深度借鉴互联网架构和思维，向着能源综合高效利用、分布式能源、电动汽车等海量主体即插即用的智慧能源网络发展。日本国土面积狭小，能源资源禀赋较差，因此日本能源互联网建设着眼于区域综合能源系统，在消费侧大力推广氢能，通过热电耦合网络实现区域多能源互补协调，通过氢能实现富余可再生能源电能的转换、存储和利用。

二是国外能源互联网发展主要采取"自下而上"的推进思路，针对能源互

联网整体层面的顶层设计、规划较少，更注重突出关键环节、核心理念的实践探索。德国、美国、日本均未出台顶层设计类文件对本国能源互联网发展进行整体规划，而是侧重于能源互联网某一重点领域或关键元素进行实践突破。例如德国把握本国"工业4.0"战略契机，通过E-Energy系列示范项目探索了能源信息一体化融合应用的有效路径。美国则注重发展智能电网，尤其在配电网、微电网层面，如通过FREEDM示范项目对未来能源互联网关键设备"能源路由器"概念的实践探索。日本重点发展氢能和区域能源互联网，例如大力推广氢燃料电池汽车促进氢能源的利用、发展大阪市岩崎智慧能源网络项目等。

三是国外能源互联网发展普遍突出电力在能源系统中的重要作用，将电网视为能源传输转换的枢纽平台，注重可再生能源发电利用和提升电气化水平。例如德国注重借助数字化产业优势，着力提升电网的数字化水平，通过电网连接生产侧可再生能源与消费侧多能源系统，在能源互联网建设中起到桥梁作用。美国则以智能电网为抓手实现可再生能源的可靠消纳、用户的灵活对等接入，将智能电网打造为能源互联网中的核心枢纽。日本则注重区域热电耦合网络的发展，利用电能促进终端多种能源间的综合高效利用，取得良好节能减排效果。

四是国外典型国家能源系统体制机制均较为成熟，基本摆脱了多种能源系统间"条块分割"的束缚，为能源互联网下不同能源系统融合发展奠定了良好基础。德国、美国、日本均建立了完善的能源市场机制，电力、天然气网络在法律法规上能够确保向所有市场主体公平开放，相关监管体系健全，各种能源系统间互联互通的壁垒基本破除，为不同能源系统的融合发展和多种能源的综合利用奠定了良好基础。当前我国要构建多能源系统融合发展的能源互联网，还需要重点克服自身长期存在的各类能源条块分割、缺乏有效的能源市场配置等挑战。

五是国外能源互联网发展过程中重视新技术、新元素的创新应用，包括电

化学储能、氢能、能源路由器、微能源网等。德国、美国、日本等发达国家均在新领域加速技术布局，抢占技术高地。德国针对微能源网相关技术做了大量研究，通过 C - sells 等示范项目探索区域能源的综合利用，建设产消微平衡的新型能源系统。美国早在 2008 年即开始以固态变压器为原型推进"能源路由器"研究，为多能灵活转换、用户即插即用等未来能源互联网关键应用场景提供解决方案。日本则加速建设"氢能社会"，充分利用氢能可作为多种能源间转化桥梁这一特征，大力开发氢能在能源转换、存储和消费方面的应用新场景。

六是国外普遍将建设能源互联网的落脚点放在用户侧，强调需求侧资源参与和利用，改变传统能源系统中用户处于被动的地位。德国、美国、日本在能源互联网建设过程中，均采用多种技术手段调动用户参与能源系统运行调节，取得了良好的效果。德国采用了灵活电价机制引导用户科学用能、构建虚拟电厂参与市场交易等多种方式挖掘需求侧资源潜力，培养用户从能源消费者向能源产销者（prosumer）转变。美国则大力推动"能源路由器"等关键技术突破，构建设备即插即用、能量双向流动的能源网络，为用户分布式能源电力上网、电动汽车 V2G（Vehicle - to - Grid）等应用场景创造基础条件。日本则在区域能源互联网的构建中强调用户的关键核心作用，通过双向热电耦合网络，实现用户间的能量互济协同，提升系统运行效率。

2

中国能源互联网发展

当前，我国经济社会快速发展，能源的需求刚性增长，能源保障存在"三高"矛盾，一是化石能源占比高，2018 年化石能源占我国一次能源消费比重达85.7％，其中煤炭占 59.0％；二是油气对外依存度高，2018 年我国原油、天然气对外依存度达 69.8％和 45.3％，并呈现进一步上升趋势，是世界第一大原油、天然气进口国；三是单位产值平均能耗高，我国能源消耗与产出的比重是世界平均水平的 1.5 倍、OECD（经济合作与发展组织）国家的 2.7 倍。要破解"三高"难题、保障能源安全，必须大力发展可再生能源、提高电气化水平，加快构建清洁低碳、安全高效的能源体系。

能源互联网作为能源基础设施与先进能源技术、现代信息通信技术和控制技术深度融合形成的新型能源系统，是贯彻落实"四个革命、一个合作"能源安全新战略的重要行动。随着我国能源清洁低碳转型的深入推进，可再生能源大规模开发利用，分布式能源、储能、电动汽车等交互式能源设施快速发展，各种新型用能形式不断涌现。通过建设能源互联网为传统能源系统赋能，不断提高能源系统的感知能力、互动水平和运行效率，将有力支撑各种能源接入和综合利用，持续提高能源效率。此外，能源产业转型始终是工业革命的先导，抢占世界能源互联网发展高地，将是我国把握引领新一轮工业革命重大机遇的关键。

2.1　发展历程

研究探索阶段（2012－2015 年）。2012 年 8 月，首届中国能源互联网发展战略论坛在长沙举行，对能源互联网概念进行了介绍和初步研究；2013 年 9 月，国家能源局开展"能源互联网发展战略研究"课题；2014 年 7 月，国家电网有限公司提出建设全球能源互联网构想，通过"特高压＋清洁能源＋智能电网"，实现清洁能源大范围配置与大规模利用；2015 年 7 月，国务院印发《关于积极推进"互联网＋"行动的指导意见》，"互联网＋"智慧能源成为重点行动之一，极大地促进了我国对能源互联网概念的研究探索。

工程实践阶段（2016 年至今）。 2016 年 2 月，国家发展改革委、国家能源局、工业和信息化部共同发布《关于推进"互联网＋"智慧能源发展的指导意见》（以下简称《指导意见》），能源互联网在我国进入工程实践阶段。2017 年 6 月，《国家能源局关于公布首批"互联网＋"智慧能源示范项目的通知》发布，首批 9 类 55 个能源互联网示范项目，涉及城市能源互联网、园区能源互联网、基于灵活性资源的能源互联网、基于绿色能源灵活交易的能源互联网和能源大数据等多个领域。2019 年初，国家电网有限公司提出并开展泛在电力物联网建设，通过与坚强智能电网的"两网融合"，服务构建能源互联网。随着首批能源互联网示范项目验收、泛在电力物联网建设快速推进，2019 年将成为我国能源互联网关键落地年。

2.2 发展基础

近年来，我国经济发展方式转变和生态文明建设大力推进，推动能源发展从总量扩张转向提质增效，倒逼能源体系加速转型。能源生产消费结构持续优化，能源科技创新日新月异，能源网络与信息网络融合不断加深，能源体制机制市场化改革在探索中前行，市场资源配置能力大幅增强，这些都为能源互联网建设落地提供了良好的条件和坚实的基础。

2.2.1 能源系统转型

（一）能源生产与消费

能源结构持续清洁低碳化，电能在终端能源消费中的占比逐年提升。 如图 2-1 所示，2018 年，我国非化石能源和天然气占一次能源消费比重分别达到 14.3% 和 7.8%，煤炭消费占比 59.0%；水电、核电、风电等清洁能源消费占一次能源消费总量的比重同比提高约 1.3%，煤炭消费所占比重同比下降

1.4％。我国终端能源消费中，煤炭约占 34％，电能约占 25.5％，油品约占 24％，天然气约占 8.5％，热力及其他约占 8％，电能占终端能源消费比重持续提高，同比增长 0.6％。随着我国智能制造、电动汽车、智能家居等新兴产业的迅猛发展，电气化步伐将进一步加快。

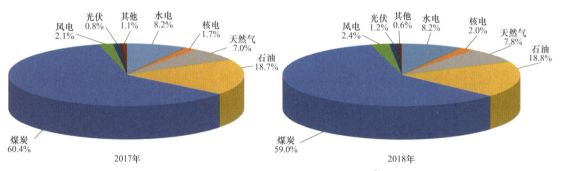

图 2-1　我国一次能源消费结构❶

多能联供机组规模不断上升，电源结构清洁化转型持续推进。 电力"十三五"规划提出热电联产机组规模达到 1.33 亿 kW 的具体要求，2020 年规划投产冷热电多联供 1500 万 kW。截至 2018 年底，我国水电、核电、风电、太阳能发电等清洁能源发电量合计约 2.2 万亿 kW·h，同比增长 11.1％，占全国发电量的 30.9％；风电发电量同比增长 21％，太阳能发电量同比增长 50.8％。2011—2018 年我国电源装机结构变化情况如图 2-2 所示。2011 年以来我国电源装机变化，非水可再生能源占比不断提升。2018 年，我国风电、太阳能发电装机容量占比合计 18.9％，超过水电装机占比（18.5％）。并网风电 1.8 亿 kW，并网太阳能发电 1.7 亿 kW，均居世界首位。

建筑能源❷替代稳步推进，智能家居数量快速增加。 2018 年，建筑消费的终端能源品种主要是电能，占比达到 40％。北方居民采暖领域，"以电代煤"逐步在热力管网覆盖以外的区域普及。智能家居方面，2018 年我国智能家居市场累计出货近 1.5 亿台，同比增长 36.7％，智能家居互联网平台设备接入率达

---

❶　本章节能源数据来自国家统计局。
❷　建筑能源是指城乡住宅和公共建筑（包括商业建筑）内各种用能设备所消费的能源。

到 60.3％，预计 2023 年市场规模将达到 5 亿台[1]。

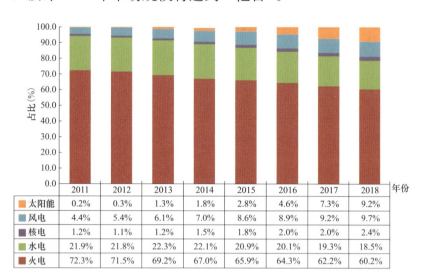

图 2-2　2011—2018 年我国电源装机结构变化情况[2]

年份	2011	2012	2013	2014	2015	2016	2017	2018
太阳能	0.2%	0.3%	1.3%	1.8%	2.8%	4.6%	7.3%	9.2%
风电	4.4%	5.4%	6.1%	7.0%	8.6%	8.9%	9.2%	9.7%
核电	1.2%	1.1%	1.2%	1.5%	1.8%	2.0%	2.0%	2.4%
水电	21.9%	21.8%	22.3%	22.1%	20.9%	20.1%	19.3%	18.5%
火电	72.3%	71.5%	69.2%	67.0%	65.9%	64.3%	62.2%	60.2%

交通能源替代快速发展，新能源汽车保有量快速提升。 "以电代油"方面，图 2-3 所示为 2014—2018 年我国新能源汽车销量及占汽车销量的比重，2018 年，新能源汽车销量达到 125.6 万辆，同比增长 61.7％，保有量达到 261 万

图 2-3　2014—2018 年我国新能源汽车销量及占汽车销量的比重[3]

---

[1]　《IDC 中国智能家居设备市场季度跟踪报告》，国际数据公司（International Data Corporation），2019。

[2]　本章 2011—2017 年电力数据来自中国电力企业联合会历年的《电力工业统计资料汇编》，2018 年数据来自《2018 年全国电力工业统计快报》。

[3]　《中国能源报告 2018》，电力规划设计总院。

辆，其中纯电动汽车保有量达到 211 万辆。公共充电桩达到 28.5 万个，私人充电桩 55.5 万个。石油占交通能源消费比重同比下降 0.8%，电力比重上升 1.0%。"以气代油"方面，2018 年，我国天然气汽车保有量达到 608 万辆，居世界第一。

（二）能源传输与存储

油气管道建设和互联互通加快推进、液化天然气（LNG）接收站加快投产、地下储气库建设初具规模，储气调峰能力不断增强。截至 2018 年末，我国运行天然气管道总里程达到 7.6 万 km，有效保障了天然气的供应；在互联互通建设过程中，国内三大油气公司通力合作，天然气资源调配能力进一步提升，"全国一张网"的格局加快形成；目前，我国在建和扩建的 LNG 接收站 9 座，预计 2020 年 LNG 接收能力将超过 8000 万 t/年。

实现除台湾省外的全国电力联网，实施配网升级转型，电网安全稳定运行水平世界领先。截至 2018 年底，全国电网 220kV 及以上输电线路长度、变电容量分别为 73.3 万 km 和 40.2 亿 kV·A，分别同比增长 7.0% 和 6.2%。随着一流城市配电网、城市电网可靠性提升工程等示范项目的建设，不断提高城市电网供电能力和可靠性，优化完善网架结构，推进标准配置，提升装备水平，提高自动化和智能化水平，满足能源互联网发展需求。

随着技术日益成熟、成本持续下降，储能成为能源系统中重要的灵活性资源。储能作为国家战略性新兴产业，凭借其灵活、双向的运行特点，成为适应新能源大规模接入和建设能源互联网的关键支撑技术。根据中关村储能产业技术联盟项目库的不完全统计，截至 2018 年底，我国已投运储能项目累计装机容量 31.3GW，同比增长 8.2%。其中抽水蓄能累计装机容量 30.0GW，同比增长 5.3%；电化学储能累计装机容量达到 1072.7MW，首次突破"GW"大关，同比增长 175.2%；熔融盐储热累计装机容量 220MW，是上年同期的 11 倍。

（三）能源投资与建设成本

一次能源生产环节投资结构总体呈优化趋势，非化石能源发电投资占比继续抬升。2018 年，主要能源行业固定资产投资同比提高 2.2%，非化石能源发电投资合计约 1944 亿元，占电源总投资的比重由 2017 年 70.4％上升至 71.4％。

风电投资建设成本总体呈下降趋势。2018 年，受竞价上网政策影响，我国风电机组市场投标均价下降，2MW 机型投标价格已降至 3200 元/kW 左右。虽然受土地资源和建设条件影响，陆上风电土地和建设成本略有上升，但总体仍呈现下降趋势。我国陆上风电单位千瓦投资成本约 7500 元/kW，同比下降约 6％，陆上风电项目度电成本为 0.324～0.463 元/（kW·h），与上年比小幅下降。

太阳能投资建设成本下降明显。2018 年，由于高效 PERC❶ 电池片价格涨幅暂缓，多晶电池片市场仍呈现供过于求的态势，组件价格下降，使得我国大型光伏电站的设备成本下降了 30％，同时企业之间的竞争也使运营和维护成本下降了 20％。我国大型光伏电站平均投资成本约为 4.8 元/W，比上年下降了 15％，度电成本为 0.265～0.562 元/（kW·h）。

储能成本预期大幅下降，铅炭电池、锂离子电池、压缩空气储能等更具竞争力。铅炭电池和磷酸铁锂电池本体成本相比 2010 年分别降低了 45％和 60％，储能系统整体度电成本下降约 75％。预计未来非抽蓄储能技术成本将进一步快速下降，根据化学与物理电源行业储能应用分会、彭博新能源财经等国内外权威机构预测，到 2035 年各项储能技术成本将显著下降，铅炭电池成本将初步具备竞争优势、压缩空气储能和锂离子电池紧随其后；2050 年铅炭电池、压缩空气储能和锂离子电池成本优势明显。表 2-1 所示为当前不同类型储能经济性指标比较。

表 2-1　　　　　　　　　　当前不同类型储能经济性指标比较

储能类型	能量转换效率（％）	自放电率（％/月）	功率成本（元/kW）	能量成本［元/（kW·h）］	运维成本（元/kW）
传统压缩空气储能	48～52	1	6500～7000	2200～2500	65～100
超临界压缩空气储能	52～65	1	6500～7000	2000～2500	160～200
高速飞轮储能	＞95	100	1700～2000	44 000～450 000	50～100

---

❶ Passivated Emitter and Rear Cell，PERC，即钝化发射极和背面电池技术，是提高太阳能电池效率的主要技术。

储能类型	能量转换效率（%）	自放电率（%/月）	功率成本（元/kW）	能量成本 [元/（kW·h）]	运维成本（元/kW）
传统铅蓄电池	70～85	1	500～1000	500～1000	15～50
铅炭电池	70～85	1	6400～10 400	800～1300	192～520
锂离子电池	90～95	1.5～2.0	3200～9000	1600～4500	96～450
全钒液流电池	75～85	低	17 500～19 500	3500～3900	175～585
锌溴液流电池	75～80	10	12 500～15 000	2500～3000	375～750
钠硫电池	87	0	13 200～13 800	2200～2300	390～690
超级电容	＞90	＜10	400～500	9500～13 500	12～25
超导储能	＞95	0	6500～7000	900 000	800～900

2.2.2　能源信息融合

在现代信息通信技术和互联网技术与思维驱动下，我国能源与信息系统融合逐渐加深，包括用户信息实现在线采集，大数据、云计算、人工智能等技术在能源系统中的应用不断深化，区块链技术在电子商务、电力交易和能源供应链管理等领域开始实验性部署等，有力支撑了能源互联网的"两网融合"。

通过能源系统终端设备泛在接入，实现对系统和用户状态的"实时感知"。2015 年 7 月，国家发展改革委、国家能源局下发《关于促进智能电网发展的指导意见》，支持水、气、电集采集抄，建设跨行业能源运行动态数据集成平台。目前，国家电网有限公司系统接入智能电表等各类终端 5.4 亿台（套），采集数据日增量超过 60TB，覆盖全国约 4.71 亿客户的用电信息实现在线采集。南方电网公司全网智能电表和低压集抄覆盖率达到 100%。全国范围内综合能源表计安装量已达到 744 万台。国网车联网平台累计接入充电桩 28 万个，注册用户超 130 万户。

大数据技术在新能源发电、电动汽车、储能等场景进行了大规模应用。国网光伏云网上线运行，构建了开放共享的新生态，为光伏企业和广大用户提供"科技＋服务＋金融"一站式全业务、全流程综合服务；国网智慧车联网平台通过云部署构建基础支撑平台，实现资源监控、业务运营、充电服务、租赁服务和增值服务五大功能，构建共享共赢的电动汽车产业生态链，助力智慧交通发展。2018 年，国网智慧车联网—储能云顺利上线，既能以电网系统优势探索建立储能控制策略、商业模式，推动储能政策机制落地，又能集合分布式储能资源，实现集合效益，响应需求调度、绿电交易，辅助电网稳定、安全、可靠运行。

区块链技术助力实现能源网络市场化、高效化、绿色化目标，营造开放共享的能源互联网生态体系。2017 年，国网电子商务有限公司推出自主开发的国网电商区块链平台，探索支撑电网发展和电子商务、互联网金融等新兴业务创新应用，该平台重点围绕供应链金融、积分、支付清算、征信、商品溯源、数字票据六大业务应用领域布局，未来将陆续开发微电网、碳排放等面向能源互联网场景的应用，满足更多业务场景需求。2018 年，招商局慈善基金会携手多家合作伙伴共同签约能源区块链项目，将其应用在新能源领域。熊猫绿能将其位于蛇口南海意库的分布式电站每日发出的清洁电力放入能源互联网平台，由华为公司提供电站数据接入的技术支持工作。当用户选择清洁能源时，区块链技术将生成智能合约，直接配对电站与用户之间的点对点虚拟交易，同时由第三方检验认证机构为用户出具权威电子证书，证明其所使用的是清洁能源电力。

2.2.3 能源市场改革

2015 年，随着《中共中央国务院关于进一步深化电力体制改革的若干意见》（中发〔2015〕9 号）印发，以"管住中间、放开两头"为体制架构的新一轮电力体制改革拉开帷幕。2017 年，《中共中央国务院关于深化石油天然气体制改革的若干意见》印发，油气体制改革全面启动。当前，我国能源体制机制改革逐步进入深水区，市场资源配置能力大幅增强，企业用能成本降低，激发了企业活力。

油气行业全产业链开放竞争的新格局正在逐步形成。上游领域，完善并有序放开油气勘查开采体制，支持民间资本进入油气领域。中游领域，油气管网改革近两年不断推进，国家油气管网公司随着《石油天然气管网运营机制改革实施意见》的通过即将落地，中国石油、中国石化、中国海油等国有大型油气企业的管道资产将被剥离重组，实现管输和销售分开。下游领域，我国成品油终端市场全面向外资放开，油气市场化改革迈出实质性步伐。

电力市场规则体系和适应电力市场的输配电价体系逐步建立。2018 年，北京电力交易中心发布了《北京电力交易中心跨区跨省电力中长期交易实施细则（暂行）》，这是我国首个由交易中心主导制定、政府批复的省间中长期交易规则，对规范交易流程、促进省间交易和清洁能源消纳具有重要意义。中发〔2015〕9号发布以来，国家针对输配电价改革出台了多项配套政策及措施。2018 年，电网企业落实降电价政策，发电企业提高市场化交易份额，全年共降低社会用电成本超过 1600 亿元。2019 年 3 月，国家发展改革委发文下调电网企业增值税税率，省级电网企业含税输配电价水平降低的空间全部用于降低一般工商业电价。

电力交易平台建设稳步推进，为全国统一电力市场高效运行提供了坚强技术保障。通过研发现货交易、售电侧、移动应用等新功能，完成分布式交易、可再生能源配额功能设计，组织开展市场主体信用评价试点建设，电力交易全部业务具备线上运作能力。2018 年，全国电力市场交易电量（含发电权交易电量、不含抽水蓄能低谷抽水交易电量等特殊交易电量）达到了 20 654 亿 kW•h，同比增长 26.5%，市场交易电量占到全社会用电总量的 30.2%，较上年提高 4.3 个百分点，市场交易电量占电网企业销售电量的比重为 37.1%，共降低企业用电成本约 700 亿元，持续释放改革红利。

2.3　政策支持

党中央、国务院高度重视能源转型工作，2014 年 6 月，习近平总书记提出"四个革命、一个合作"能源发展战略。2017 年 10 月，在中国共产党第十九次全国代表大会上，习近平总书记再次强调"推进能源生产和消费革命，构建清洁低碳、安全高效的能源体系"。2016—2018 年，我国相继发布了一系列能源互联网相关政策。当前，我国能源互联网发展相关政策正处于逐步完善阶段，涵盖宏观战略、体制改革、行业标准等各方面。政策导向一方面是能源互联网产业的横向整合，以电力为纽带，实现煤炭、石油、天然气等多种类能源的互联互通与多能互补；另一方面是纵向整合，以用户的需求为导向，充分实现能源互联网的上游产业和下游产业的协调优化。

2.3.1　目标导向类政策

近年来，我国政府对能源领域的重视程度和支持力度不断提升，出台了一系列行动计划和规划，并为能源互联网发展设置了阶段目标，如表 2 - 2 所示。2015 年 7 月，国务院印发《关于积极推进"互联网＋"行动的指导意见》，阐述了"互联网＋"智慧能源，描绘了能源互联网发展路线图；2016 年 2 月，国家发展改革委、国家能源局、工业和信息化部印发《关于推进"互联网＋"智慧能源发展的指导意见》，该意见被称为能源互联网的顶层设计。

表 2 - 2　　　　　　　　我国能源互联网发展目标导向类政策

颁布日期	文件名称	政策解读
2015 年 7 月	《国务院关于积极推进"互联网＋"行动的指导意见》	首次提出了"互联网＋"智慧能源的理念，逐步建成开放共享的能源网络
2016 年 2 月	《国家发改委、能源局、工信部关于推进"互联网＋"智慧能源发展的指导意见》	是能源互联网的顶层设计，明确了近中期中国能源互联网发展的两个阶段
2016 年 3 月	《能源技术革命创新行动计划（2016—2030 年)》	提出到 2020 年初步建立能源互联网技术创新体系，能源互联网基础架构、能源与信息深度融合及能源互联网相关应用技术取得重大突破并实现示范应用
2016 年 3 月	《中华人民共和国国民经济和社会发展第十三个五年规划纲要》	指出加快推进能源全领域、全环节智慧化发展，提高可持续自适应能力。推进能源与信息等领域新技术深度融合，统筹能源与通信交通等基础设施网络建设，建设"源-网-荷-储"协调发展，集成互补的能源互联网

续表

颁布日期	文件名称	政策解读
2016 年 6 月	《中国制造 2025——能源装备实施方案》	开放智能电网、能源互联网等工程项目示范，推动关键装备的试验示范
2016 年 7 月	《关于推进多能互补集成优化示范工程建设的实施意见》	建设多能互补集成优化示范工程是构建"互联网＋"智慧能源系统的重要任务之一
2016 年 7 月	《关于组织实施"互联网＋"智能能源（能源互联网）示范项目的通知》	提出开展综合和典型创新模式的两类能源互联网试点示范。典型创新模式试点示范，包括基于电动汽车、灵活性资源、智慧用能、绿色能源灵活交易和行业融合五种情景的能源互联网试点
2016 年 11 月	《电力发展"十三五"规划（2016－2020 年)》	提出将发电、输配电、负荷、储能融入智能电网体系中，加快研发和应用智能电网、各类能源互联网关键技术装备，实现智能化能源生产消费基础设施、多能协同综合能源网络建设、能源与信息通信基础设施深度融合
2016 年 12 月	《能源技术创新"十三五"规划》	推进能源互联网建设，加强智能配电与用电网络建设，促进分布式能源和多能互补式发电项目在微网中的利用，开展能源互联系统运营交易技术研究
2016 年 12 月	《能源发展"十三五"规划》	积极推动"互联网＋"智慧能源发展。推进能源与信息、材料、生物等领域新技术深度融合，统筹能源与通信、交通等基础设施建设，构建能源生产、输送、使用和储能体系协调发展、集成互补的能源互联网
2016 年 12 月	《可再生能源发展"十三五"规划》	从技术性、经济性、项目示范应用等方面对各类可再生能源、储能、微网等能源互联网构成要素的发展进行了详尽的规划，实质肯定了能源互联网在可再生能源发展过程中不可替代的重要作用
2016 年 12 月	《"十三五"国家战略性新兴产业发展规划》	大力发展"互联网＋"智慧能源，加快研发分布式能源、储能、智能微网等关键技术，构建智能化电力运行监测管理技术平台，建设以可再生能源为主体的"源-网-荷-储-用"协调发展、集成互补的能源互联网
2017 年 6 月	《国家能源局关于公布首批"互联网＋"智慧能源（能源互联网）示范项目的通知》	确定了首批 55 个"互联网＋"智慧能源（能源互联网）示范项目名单

续表

颁布日期	文件名称	政策解读
2017 年 9 月	《关于促进储能技术与产业发展的指导意见》	储能是智能电网、可再生能源高占比能源系统、"互联网＋"智慧能源的重要组成部分和关键支撑技术
2018 年 2 月	《2018 年能源工作指导意见》	扎实推进"互联网＋"智慧能源（能源互联网）、多能互补集成优化、新能源微电网、并网型微电网、储能技术试点等示范项目建设，在试点基础上积极推广应用
2019 年 4 月	《关于完善风电供暖相关电力交易机制扩大风电供暖应用的通知》	进一步完善风电供暖相关电力交易机制，扩大风电供暖应用范围和规模，促进能源互联网深度发展

2.3.2 财政激励类政策

我国对于能源互联网发展还没有明确的财政激励政策，财政激励主要体现在对配电网项目、新能源汽车推广、可再生能源发电补贴上，各省市相继颁布相关政策，如表 2-3 所示。2015 年出台的《配电网建设改造行动计划（2015—2020)》指出 5 年间配电网建设改造投资不低于 2 万亿元。2017 年，中央财政新能源汽车补贴超过 650 亿元，对光伏补贴总额达 450 亿元。

表 2-3　　我国中央和地方能源互联网发展财政激励类政策

颁布日期	文件名称	政策解读
2018 年 5 月	《关于明确我市（青岛）电动汽车充电服务费政策的通知》	充电设施经营企业可向电动汽车用户收取充电服务费和电费两项费用。其中，充电服务费按充电度数收取，实行最高限价管理。电动公交车充电服务费最高不得超过 0.60 元/（kW·h），电动乘用车充电服务费最高不得超过 0.65 元/（kW·h）。充电设施经营企业可在最高限价内给予用户优惠
2018 年 5 月	《西安市新能源汽车推广应用地方财政补贴资金管理暂行办法》	对单位和个人购买新能源汽车的，以享受的中央补贴为基数，公共服务领域单车按 1∶0.5 给予地方补贴，非公共服务领域的单车按 1∶0.3 给予地方补贴；免征车辆购置税、免征车船税；对单位和个人购买新能源汽车的，首次机动车交通事故责任强制保险费给予全额财政补贴

续表

颁布日期	文件名称	政策解读
2018 年 6 月	《关于公布可再生能源电价附加资金补助目录（第七批）的通知》	财政部、国家发展改革委、国家能源局将符合条件的项目列入可再生能源电价附加资金补助目录（第七批），其中包括可再生能源发电项目、公用独立系统项目、非自然人分布式光伏发电项目和可再生能源发电项目
2018 年 6 月	《关于调整河南省新能源汽车推广应用及充电基础设施奖补政策的通知》	省财政依据 2018 年国家补助标准按不同比例进行补助，省级和市县补助金额不超过中央财政单车补贴额的 50％。如市县出台补助政策超过中央单车补贴额的 20％，则省财政仅补助中央单车补贴额 50％扣除市县补助比例后剩余比例
2018 年 6 月	《重庆市 2018 年度新能源汽车推广应用财政补贴政策》	新能源乘用车补贴标准，$R \geqslant 300$ 纯电车型约为同期国家标准的 50％，其余车型为同期国家标准的 46％。新能源客车补贴标准约为同期国家标准的 20％。新能源货车（专用车）补贴标准，约为同期国家标准的 30％。燃料电池汽车补贴标准约为同期国家标准的 40％
2018 年 6 月	《关于组织申报 2017－2018 年电动汽车充电设施建设补贴资金项目的通知》	直流充电桩、交直流一体化充电桩、无线充电设施：按照 550 元/kW 的标准补贴。 交流充电桩：按照 150 元/kW 的标准补贴
2018 年 9 月	《上海市 2018 年节能减排专项资金安排计划（第四批)》	重点支持产业结构调整、建筑节能、重点用能单位能耗在线监测平台、老旧车淘汰、餐厨废弃油脂、节能能力资金六个方向，共 17 197.461 79 万元
2019 年 3 月	《苏州工业园区绿色发展专项引导资金管理办法》	明确对绿色发展项目给予补贴，针对在园区备案实施，且已并网投运的分布式燃气轮机项目、储能项目，自项目投运后按发电量（放电量）补贴 3 年，每千瓦时补贴业主单位 0.3 元
2019 年 5 月	《国家发展改革委关于进一步清理规范政府定价经营服务性收费的通知》	将规范电动汽车充换电服务收费标准
2019 年 5 月	《关于公布 2019 年第一批风电、光伏发电平价上网项目的通知》	在风电、光伏发电交易规模限额范围内，根据就近消纳能力组织推进，做好分布式发电市场化交易试点及有关政策落实工作

注　R——工况续航里程，km。

2.3.3　技术标准类政策

2019 年 5 月，国家标准化管理委员会、国家能源局发布《关于加强能源互联网标准化工作的指导意见》。明确提出，到 2020 年，完成能源互联网标准化工作路线图和标准体系框架建设，制定 30 项以上能源互联网基础和通用标准，涵盖术语、概念模型、体系架构、通用用例、信息安全、示范试点验收和评价等方面技术要求，满足能源互联网示范试点项目建设需要和逐步应用需要；到 2025 年，形成能够支撑能源互联网产业发展和应用需要的标准体系，制定 50 项以上能源互联网标准，涵盖主动配电网、微能源网、储能、电动汽车等互动技术标准，全面支撑能源互联网项目建设和技术推广应用。我国在能源互联网国际标准化工作中影响力大幅提升，发挥引领作用。

截至目前，我国能源互联网标准共申报 23 项。国家标准审批 9 项，其中 2 项已公示，其他均在征求意见和编制初稿的过程中，如表 2-4 所示；审批中国电力企业联合会标准 14 项，如表 2-5 所示，其中 T/CEC 101.1—2016《能源互联网　第 1 部分：总则》已经发布，其余 13 项正在公示。能源互联网标准内容涉及基础标准、互动标准、关键设备、管理平台、信息互联以及区域能源互联网、微能源网的规划设计、验收评价等领域，旨在推动能源互联网标准的顶层设计。

表 2-4　　　　　　　　　我国能源互联网国家标准进度

序号	标准名称	状态
1	《能源互联网系统　总则》	初稿
2	《能源互联网系统　术语》	公示
3	《能源互联网系统　架构和要求》	初稿
4	《能源互联网系统　用例》	公示
5	《能源互联网系统　主动配电网的互联》	初稿
6	《能源互联网功能规范和技术要求》	初稿

续表

序号	标准名称	状态
7	《能源互联网与分布式电源互动规范》	初稿
8	《能源互联网与电动汽车互动规范》	初稿
9	《能源互联网与储能系统互动规范》	初稿

表 2 - 5　　　　我国能源互联网中国电力企业联合会标准进度

序号	标准名称	状态
1	《能源互联网　第 1 部分：总则》	发布
2	《能源互联网　第 6 - 2 部分：能量路由装置》	公示
3	《能源互联网能量管理平台功能规范》	公示
4	《多能互补集成优化技术导则》	公示
5	《能源互联网能源利用与转换效率评价》	公示
6	《能源互联网系统评估》	公示
7	《能源互联网与微能源网互动》	公示
8	《区域能源互联网技术导则》	公示
9	《能源互联网信息交换》	公示
10	《微能源网规划设计技术导则》	公示
11	《微能源网工程设计规范》	公示
12	《微能源网接入设计规范》	公示
13	《微能源网规划设计评价导则》	公示
14	《用户侧综合能源系统运行控制导则》	公示

2.4　产业发展

2.4.1　产业规模

能源科技和数字化创新正在改变能源及相关产业的传统价值链，并引领能源互联网构建。能源互联网产业涵盖发电领域、输配电领域、智能储能领域、智能用电领域、能源交易领域和能源管理领域。随着我国可再生能源相关产业链增加值增高、物联网发展带动能源产业 GDP 提升、微网市场大规模增长以及能效提升领域投资新增，将为能源互联网产业带来巨大的市场增量。根据相关数据，2017 年我国能源互联网市场规模为 7950 亿元。2019－2023 年中国能源互联网产业市场规模的预测如图 2 - 4 所示，预计 2019 年将达到 9420 亿元，2020 年将突破万亿元，2019－2023 年年均复合增长率约为 8.55％。

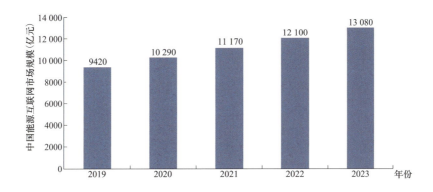

图 2 - 4   2019－2023 年中国能源互联网产业市场规模预测❶

2.4.2   市场主体

传统能源产业链中，能源供应和传输企业起绝对主导作用，因此市场的形态是单一和封闭的。在能源互联网市场中，能源网络的发展和需求侧消费者的广泛参与，将促使传统条块分割的能源产业链发展成为以消费者用能需求为核心的新型市场生态网络，越来越多传统能源产业链之外的企业进入这一新兴市场，渗透到传统能源服务以外的价值高地。当前，我国能源互联网市场主体主要包括传统能源企业、新兴能源企业、互联网企业与衍生机构、生态跨界企业等，各级政府部门通过监管和政策制定，保障市场健康稳定发展。

---

❶   数据来自前瞻产业研究院整理。

传统能源企业挖掘已有资产潜能，转型综合能源服务供应商。电力、石油、天然气等传统能源供应商正在利用大型国企的规模、技术、人才优势，加速企业数字化转型与业务领域创新。在可再生能源、分布式能源、储能技术、信息通信技术应用加速的背景下，传统能源企业通过网络运营模式优化、能源输送能力升级、商业模式创新开拓综合能源服务新业态新模式，对内实现业务在线协同和数据贯通，对外实现效率提升和服务增值。

> 2017 年 10 月，国家电网有限公司印发《国家电网公司关于在各省公司开展综合能源服务业务的意见》，明确提出做强做优做大综合能源服务业务，推动公司由电能供应商向综合能源服务商转变。经过两年多探索，国家电网有限公司综合能源服务业务形成了由 27 家省综合能源服务公司、国网节能服务公司、国网电动汽车公司为实施主体，各大产业、科研单位为支撑的组织体系。结合社会需求和自身特征，重点布局了能效提升与多能供应服务、分布式新能源与新兴用能服务、能源电商与金融服务、能源大数据与产业生态圈衍生服务四大业务领域。同时，国家电网有限公司积极发挥能源领域龙头企业的作用，致力于构建综合能源服务平台生态。在行业层面，发起成立了中国综合能源服务产业创新发展联盟；在公司层面，积极推进混合所有制改革。
>
> 其他方面，中国石油成立电能公司，建设中国石油统一购售电平台，借助国际业务拓展石油石化专业化电能服务；中国石化投资建设加氢示范站；五大电力集团清洁能源装机比例均接近或超过 30%，非水电清洁能源装机比例均超过 10%，最高接近 20%。国家电力投资集团成立氢能公司，发电企业纷纷成立售电公司。

新兴能源企业积极开展先期探索，在园区、公共建筑和城市综合体开拓能源管理服务市场。新兴能源企业利用先进的能源新技术，借助智能化能源网络收集信息，通过节能技术、产品和大数据分析提供能源管理、能效提升解决方案、分布式能源系统运维租赁等多种能源管理服务，快速布局传统能源外的能源开发与利用领域。

远景能源对风电、光伏等资产的开发、运维、交易等进行全流程管理，开发了基于智能传感网和云计算的智慧风场全生命周期管理系统，帮助客户提升风场实际投资收益 20% 以上。

新奥能源为城区/园区、公共建筑、工业企业等提供能源一体化解决方案，项目数量已达 142 个，服务 1060 万居民用户和 4.7 万多家工商业用户。

协鑫集团提供电网、热网、天然气管网、信息网和大数据云平台的能源综合服务，并构建起金融支撑产融一体、智慧城市、能源互联网等创新业务产业群。

互联网企业与衍生机构提供先进的信息通信技术和金融服务，支持能源互联网价值创造。科技发展促使消费者对能源产品和服务产生更多个性化需求，互联网企业凭借信息技术和客户资源优势，从多能服务监控平台、数据深度挖掘、终端用户交易平台等方面切入多能服务市场。互联网企业、金融机构、咨询机构成为能源企业终端用户服务战略合作伙伴，共同将能源互联网应用边界扩展到新高度。

阿里巴巴通过构建新能源产业互联网云应用服务平台，为新能源投资企业、地方新能源开发、电网、装备技术贸易、产业金融服务提供深度数据挖掘和专业应用服务。

腾讯、阿里巴巴分别与中国石油、中国石化签署战略合作协议，探索"传统能源＋互联网"合作新模式；华为公司聚焦建设信息通信技术基础设施平台，携手能源企业构筑大数据生态。

能见金服作为能源与环境领域投融服务的先行者，致力于成为能源与环境创新领域的"智推者"、新能源创投服务"领跑者"。以能源、资源与环境领域细分行业的投资顾问业务为服务重点，同时打造国内首个能源领域路演融资展示平台，建立全能源行业的创新创业企业以及精英数据库。

生态跨界企业通过业务与客户群有效结合，借机跨入能源市场。随着新能源汽车和智能家居发展，车企、家电企业、建筑和房地产企业、零售商等通过引入节能、智能化等技术，使电动汽车、家电、能源设备具有节能、智能和互联等特征，进而基于对用户需求的数据分析提供延伸服务，进入家庭智能设备管理、能源管理等服务领域。

> 智能家居是物联网（Internet of Things，IoT）细分领域最具规模的市场。在面向消费物联网方面，小米是国内率先收割智能家居红利的厂商。小米旗下 IoT 平台连接了上亿台智能设备，是全球最具规模的生态平台。其中面向智能家居的人工智能开放平台获得世界互联网领先科技成果，构成了万物智慧互联崭新生态。旗下生态链企业推出涵盖家电、安防和照明等多个品类智能硬件，覆盖百姓家庭生活方方面面，让寻常百姓可以享受由科技带来的智慧生活，其中多家已成为估值超过 10 亿美元的独角兽。
>
> 蔚来汽车发起的蔚来资本与英国石油公司建立了长期合作关系，共同探索与能源互联网和智能出行相关的发展机会。双方在合作框架下将关注电动汽车、新能源基础设施、智能汽车系统、互联网汽车、电池、新材料等能源互联网领域的投资与跨界合作机会。蔚来汽车在武汉东湖新技术开发区启动的蔚来能源项目，将围绕电动汽车用户的充电需求，进行充换电设备的研发、制造、布设，提供基于移动互联网技术的智能充换电服务，并发展基于动力电池梯次利用的能源互联网业务。

2.5 项目实践

2014—2018 年，为扶持能源互联网发展，国家相关政府部门、机构陆续出台一系列试点示范项目，包括新能源微网示范项目、增量配电网示范项目、多能互补集成优化示范项目和"互联网＋"智慧能源示范项目等。2019 年初，国家电网有限公司启动泛在电力物联网建设，以数字技术为传统电网赋能，不断提升电网的感知能力、互动水平、运行效率，推动电网向能源互联网升级。

当前我国能源互联网典型示范项目多以园区和城市级为主，以综合能源高效利用、绿色低碳持续发展、灵活资源协调共享、业态创新多方共赢为目标，依托多能协同能源网络技术、信息物理融合技术、创新模式能源运营技术等先进技术的研发与应用，提升能源信息化水平，建设多能互补、源-网-荷-储协调的区域综合能源系统，探索能源运营新机制和能源产业新业态、新模式，促进共建、共享、共赢的能源互联网生态形成。

2.5.1　新能源微电网

2017 年 5 月，国家发展改革委、国家能源局联合印发《关于新能源微电网示范项目名单的通知》，28 个新能源微电网示范项目获批，带来新增光伏装机 899MW，新增电储能装机超过 150MW。此外，还包括各种热储能、风电等其他类型能源。当前，国内已建成的微电网试点示范项目超过 34 个，特点是电压等级较低、规模较小、涵盖不同发电类型。其中，城市微电网以集成新能源、提供高质量及多样性的供电可靠性服务、冷热电综合利用等为主要功能，表 2-6 总结了国内典型城市微电网试点示范项目的主要特点。

表 2-6　　　　　　　　国内典型城市微电网示范项目情况

项目名称	系统组成	主要特点
天津中新生态城二号能源站综合微电网	400kW 光伏发电、1498kW 燃气发电、300kW·h 储能系统、2340kW 地源热泵、1636kW 电制冷机组	灵活多变的运行模式，电冷热协调综合利用
天津中新生态城公屋展示中心微电网	300kW 光伏发电、648kW·h 锂离子电池储能系统、2×50kW×60s 超级电容储能系统	"零能耗"建筑，全年发用电量总体平衡
江苏南京供电公司微电网	50kW 光伏发电、15kW 风力发电、50kW 铅酸蓄电池储能系统	储能系统可平滑风光出力波动，可实现并网/离网模式的无缝切换

续表

项目名称	系统组成	主要特点
浙江南都电源动力公司微电网	55kW 光伏发电、1.92MW·h 铅酸蓄电池/锂离子电池储能系统、100kW×60s 超级电容储能	电池储能主要用于"削峰填谷"
广东佛山冷热电联供微电网	3 台 300kW 燃气轮机	冷热电三联供技术
北京延庆智能微电网	1.8MW 光伏发电、60kW 风力发电、3.7MW·h 储能系统	结合我国配电网结构设计、多级微电网架构，分级管理，实现并网/离网平滑切换
国网河北省电科院光储热一体化微电网	190kW 光伏发电、250kW·h 磷酸铁锂离子电池储能系统、100kW·h 超级电容储能、电动汽车充电桩、地源热泵	接入地源热泵，解决其启动冲击性问题；交直流混合微电网
新奥能源生态城微电网	100kW 屋顶光伏、150kW 三联供机组、2kW 风电、16kW 燃气发电、600kW·h 锂离子电池储能	采用自主研发的系统能效技术和泛能网技术
杭州东部软件园微电网	小型光伏发电 20kW、储能系统 30kW、控制系统、智能配电系统	采用复合分级管理的智能用电方式
常州天合微电网	30kW 柴油发电、5 个 6.72kW 光伏发电系统、50kW·h 储能、智能配电、监控系统、400V 单母线	各种运行模式快速、平滑无缝切换
张北风光储微电网	140kW 光伏发电、10kW 风电、100kW×4h 锂离子电池储能及超级电容、滤波补偿装置	首次实现了离并网自动无缝切换，满足张北基地研究实验楼办公及生活负荷
上海迪士尼微电网	19.6kW 光伏发电、30kW·h 锂离子电池储能、21kW 交流充电桩	我国首个站用电微电网
西安世园会微电网	50kW 光伏发电、12kW 的小型风电、60kW 储能系统	国内首个风光储与微电网、电动汽车充电站一体化应用的系统
长沙黄花机场天然气热电冷多联供	发电机容量 2.3MW、空调面积 42 万 m^2、制热能力 17.13MW、制冷能力 27.1MW	分布式冷热电联供、水地源热泵
廊坊新朝阳区块泛能微网	1 台 2MW 的天然气内燃机发动机、1 台 1.3t/h 的烟气余热锅炉	国家级能源标准化示范工程泛能微网项目

续表

项目名称	系统组成	主要特点
肇庆新区泛能项目	一期：1 台 2.5MW 离心冷水机、1 台 1.055MW 的双工况螺杆机组、1 台 0.703MW 螺杆冷水机； 二期：1 台 400kW 泛能机、2 台 3.516MW 离心电冷机、1 台 2.989MW 离心电冷机、2 台 2.1MW 燃气热水机	有效促进系统内能源的优化调度和供需互动，成为全国首个大范围使用分布式能源的地区
青岛中德生态园泛能网	包括 1 个大型的区域泛能站和分别布局于住宅区、商业区、产业区的 6 个子泛能站	国内第一个以清洁能源为主、以可再生能源为辅、以智能电网为支撑的智能能源体系，综合节能率达 50.7％以上

未来，我国新能源微电网将逐步从单纯的接入和控制研究走向复杂的区域管控调配研究，从单纯的光伏微电网、风光储微网走向多能互补的区域综合能源系统。

天津中新生态城微电网示范项目

天津中新生态城是中国和新加坡两国政府合作的旗舰项目。生态城作为具有综合需求的能源供应场所，能源系统集成多种能源输入、多种产品输出及多种能源转换单元，以微电网的形式利用冷、热、电等环节多能互补，实现了能源的梯级高效利用，具有综合能源系统的雏形。天津中新生态城各能源供应比例如表 2-7 所示。

表 2-7 天津中新生态城各能源供应比例

能 源 种 类		占比	
可再生能源	太阳能	2.33％	16.22％
	风能	6.84％	
	地热＋热泵	7.05％	
余热	电厂余热（循环水余热）	3.60％	4.05％
	沼气（垃圾及污泥）	0.45％	
清洁能源	分布式能源（冷热电三联供）	0.24％	79.53％
	天然气	8.82％	
	电厂蒸汽	17.97％	
	城市电网	52.50％	

中新生态城以能源站为核心，由停车场光伏发电系统、新增储能系统、以天然气为燃料的冷热电联供系统构成了 10kV 能源微电网，实现冷、热、电的梯阶高效利用。生态城还以动漫园 4 栋楼的光伏发电系统为基础，分别组建了 4 个独立的光储微电网系统。这些系统实现了不同分布式电源的优势互补，实现了可再生能源的最大化利用；灵活的运行模式保障了服务中心和能源站部分重要负荷的不间断电力供应，提高了用户侧的供电可靠性。对用户而言，广泛使用微电网可以在一定程度上降低电价，最大限度地获得经济效益。

2.5.2 "互联网＋" 智慧能源

2017 年 6 月，国家能源局发布《首批"互联网＋"智慧能源示范项目的通知》，包括能源互联网综合试点示范、典型创新模式试点示范两大类，城市能源互联网、园区能源互联网、基于灵活性资源的能源互联网、基于绿色能源灵活交易的能源互联网、能源大数据等 9 类 55 个能源互联网示范项目，项目类型与建设内容如表 2-8 所示。项目申请主体可分为 7 类，包括 16 个电能技术企业、9 个电网企业、9 个非电能领域的企业、7 个能源企业、8 个园区或其代表企业、4 个研究机构和 2 个政府机构。

表 2-8　　我国首批"互联网＋"智慧能源示范项目情况

类型		建设内容	个数
能源互联网综合试点示范	城市能源互联网综合示范项目	(1) 建设普及低碳能源、低碳建筑和低碳交通的低碳城市； (2) 利用能源互联网通信功能和各类用能大数据支撑智慧城市建设； (3) 开展 100%可再生能源示范区研究规划	12
	园区能源互联网综合示范项目	(1) 实现多能流协同能量管理； (2) 探索多种能源形式灵活交易与需求响应模式； (3) 提高清洁能源利用率和终端能效	12
	其他及跨地区多能协同示范项目	(1) 邻近城市间能源生产与消费协同模式； (2) 弃风/弃光/弃水制氢、供热循环利用模式	5
典型创新模式试点示范	基于电动汽车的能源互联网示范项目	电动汽车与储能的互联网化运营	6

74

类 型	建 设 内 容	个数
典型创新模式试点示范	基于灵活性资源的能源互联网示范项目：（1）需求侧响应及辅助服务等灵活性资源的市场化运营；（2）建设多能源形式的虚拟电厂	2
	基于绿色能源灵活交易的能源互联网示范项目：化石能源的互联网化交易、绿色能源的互联网化交易、绿色货币与绿色证书等能源衍生品的交易运营管理	3
	基于行业融合的能源互联网示范项目：能源互联网与农业、工业、交通、商业、体育、教育等不同行业融合发展新途径	4
	能源大数据与第三方服务示范项目：（1）能源大数据应用服务；（2）基于互联网的第三方综合能源服务	8
	智能化能源基础设施示范项目：智慧用能及增值服务	3

　　2019 年 3 月，首批能源互联网示范项目开始验收，结合对示范项目经济社会效益，技术手段、运营机制、商业模式创新性，成果产业化前景的评估，将形成可持续、可推广的能源互联网发展路径和商业模式，带动整个能源互联网产业发展。

广东珠海国家能源互联网示范工程

　　广东珠海国家能源互联网示范工程是首个通过验收的国家能源局首批"互联网＋"智慧能源示范项目。项目围绕珠海全市以及唐家湾国家高新区、珠海横琴自贸区两个园区展开，按照"物理层、信息层、应用层"分层示范建设，是支持能源消费革命的城市-园区双级能源互联网示范项目。

　　项目系统架构如图 2-5 所示，物理层顺利建成世界首个"±10kV、±375V、±110V 三电压等级 4 端柔性直流配电网＋直流微电网"示范工程，使得我国柔性直流配用电成套技术从实验室成功走向工业应用，并形成了柔直配电网系统技术规范标准，对交直流混合柔性配电网的统一规划与建设具有重

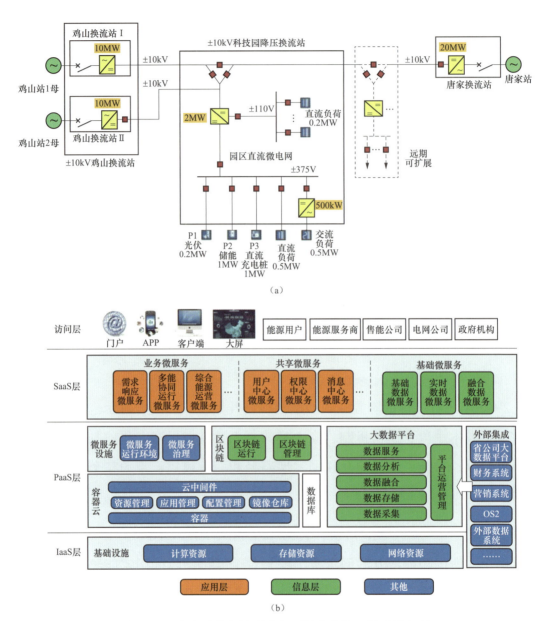

（a）

（b）

图 2-5　广东珠海国家能源互联网示范工程系统架构

（a）物理层示意图；（b）信息层示意图

IaaS—基础设施即服务；PaaS—平台即服务；SaaS—软件即服务

要意义；信息层面向珠海全市构建了综合能源信息模型，建成了智慧能源大数据云平台，实现了内外部能源数据的集成和管理、多源异构数据的融合并提供数据资源服务；应用层建设智慧能源运营平台，为能源企业、售电公司、用户、分布式资源所有者等各类主体提供参与能源互联网运营的渠道设施，打造了开放的能源互联网生态。

该项目构建了柔直配电网技术体系和综合能源服务新体系、节约了土地资源和能源投入、提升了综合能源数据服务能力，其建成与深化应用，将持续推进我国配电网智能化、提升能源信息化水平、促进能源互联网生态的形成，有效支持粤港澳大湾区能源互联网创新发展。

浙江长兴新能源小镇"源网荷储售"一体化能源互联网示范项目

浙江省长兴县新能源小镇汇聚了一批新能源产业集群，为探索能源互联网发展新模式，在 3.3km² 的范围内，拟投资 2.9 亿元，围绕"1 个平台、5 个子项"的总体框架（见图 2-6），开展包含分布式光伏发电、储能、需求响应、冷热能源站、电动汽车充电设施等多种高可靠灵活性资源的能源互联网建设。构建园区"多能互补联供、源网荷储协调"的综合能源供给体系和能源互联网运营模式，促进能源行业技术进步，推动当地产业升级。项目投资回收期为 7.8 年，内部收益率达到 8.56%（税后）。

项目按照"原则确立-架构设计-模式探索-示范推广"的技术路线开展建设，通过自动需求响应机制，对灵活性资源进行商品化改造，建设虚拟电厂运行服务平台，从而实现占当地最大负荷 18% 以上的多种能源形式的虚拟电厂，使得新能源装机容量与负荷容量占比从当前 6% 提高到 30% 以上，园区实现 100% 集中供热，冷负荷实现 50% 以上集中供应，电力储能占当地最大负荷比例从当前 1% 左右提高到 10% 以上。通过综合能源调度，使用户侧能源综合成本下降 5%～10%。

2.5.3 泛在电力物联网

2019 年初，国家电网有限公司提出"三型两网、世界一流"的战略目标，发挥电网在能源领域的枢纽型、平台型、共享型作用，通过在 2021 年初步建成、2024 年全面建成泛在电力物联网，服务构建能源互联网。泛在电力物联网

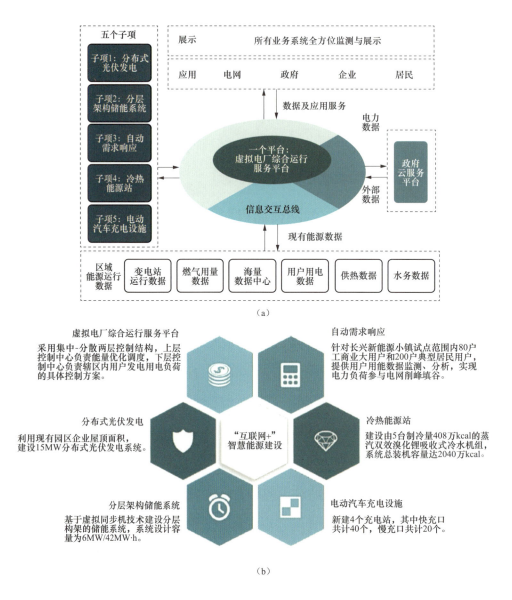

图 2-6　浙江长兴新能源小镇能源互联网示范项目总体框架与建设内容

(a) 总体框架；(b) 建设内容

就是运用新一代信息通信技术，将电力用户及其设备、电网企业及其设备、发电企业及其设备、电工装备企业及其设备连接起来，通过信息广泛交互和充分共享，以数字化管理大幅提高能源生产、能源消费和相关领域安全、质量和效益效率水平。

泛在电力物联网作为具有状态全面感知、信息高效处理、应用便捷灵活特征的智慧服务系统，与坚强智能电网相辅相成、融合发展，将形成强大的价值创造平台，共同构成能源流、业务流、数据流"多流合一"的能源互联网，从而有力支撑各种能源的接入和综合利用，持续提高能源效率，促进早日实现电能占终端能源消费比重达到 50%，非化石能源在一次能源消费中占比达到50%，降低对油、气的依存度，保障国家能源安全。

泛在电力物联网建设内容包括对内业务、对外业务、数据共享、基础支撑、技术攻关和安全防护 6 个方面，11 个重点方向，如图 2-7 所示。2019 年，围绕着力构建能源生态、迭代打造企业中台、协同推进智慧物联、同步推进管理优化四条建设主线，泛在电力物联网建设主要从 6 个方面统筹安排了 57 项建设任务（见表 2-9），包括 25 项综合示范和 160 项自行拓展任务，并将在年内完成所有专项方案设计和试点验证，在技术方案、实施策略、新兴业务和商业模式等方面探索形成典型成果和可推广模式，初步构建符合泛在电力物联网建设和发展需要的管理体系、组织架构和方法论。

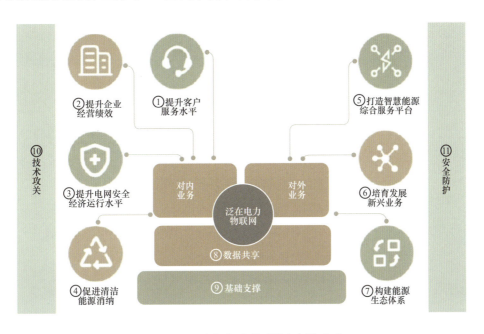

图 2-7　泛在电力物联网建设内容

表 2 - 9   2019 年泛在电力物联网建设任务

类型	建 设 任 务
对内业务	营配贯通优化提升
	营销 2.0 建设
	多位精益管理体系变革
	网上电网应用构建
	实物 ID 推广应用
	新一代电力交易平台建设
	新一代电力调度自动化系统建设
	基建全过程综合数字化管理平台建设
	现代（智慧）供应链体系构建
	配电物联网建设
	源-网-荷-储多元协调的泛在调度控制
	制度标准智能管理体系
	人力资源 2.0 建设
	数字化审计
	国际合作与协同办公集成贯通
	"两网"融合规划研究
	基层班组减负综合研究
	输变电物联网建设
	后勤智能保障平台建设
	移动办公
	融媒体云建设
	新一代电费结算应用建设
	同期线损监测治理和全达标样板工程建设
	安全生产风险管控平台建设与应用
	以设备智能状态评价为核心的抽水蓄能全业务一体化平台建设
对外业务	智慧能源综合服务平台建设
	源-网-荷-储协同服务
	新能源云建设
	能源互联网生态圈建设

续表

类型	建 设 任 务
对外业务	多站融合发展
	电工装备智能物联和工业云网
	线上产业链金融
	虚拟电厂运营
	数据增值变现
	基础资源运营
	物联网金融
	云数据中心建设运营
	源-网-荷-储互动的市场化清洁能源消纳
	基于车联网的绿电交易建设
	多表合一商业模式研究
	智慧车联网平台深化应用
	客户侧储能云网应用及商业化运营模式研究
	基于区块链的新型能源业务模式研究
	新业务新业态商业模式研究
	企业能效服务共享平台
数据共享	数据中台建设
基础支撑	智慧物联体系建设
	"国网云"深化建设应用
	一体化通信网
	世界一流能源互联网企业评价指标体系研究
	调控云建设
技术攻关	"国网芯"和智能终端研发应用
	泛在电力物联网技术与标准体系研究
	新型智能终端研发应用
	第五代移动通信技术（5th Generation Mobile Networks，5G）关键技术及应用研究
	人工智能基础支撑能力建设
安全防护	全场景安全防护体系构建

上海张江科学城泛在电力物联网示范工程

上海张江科学城泛在电力物联网示范工程首创特大型城市城区级能源规划体系，以"优化区域能源结构，提升区域能源效率"为目标，围绕"清洁低碳、安全高效、灵活智慧、开放共享"的理念，通过建设横向"站-线-台-户"应用体系和纵向"云-管-边-端"技术体系（图2-8），选择最优的配置方法为科学城功能。

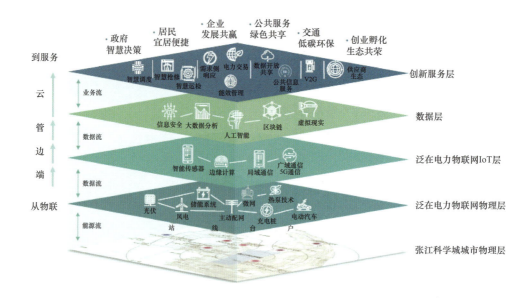

图 2-8　上海张江科学城泛在电力物联网示范工程建设内容

工程基于上海城市特点，在35kV殷家浜变电站试点应用了"多站融合"解决方案，探索将传统变电站向新一代泛在物联能源站转型，充分发挥电网"枢纽型"的特点；在蔡伦变电站通过镜像评价系统，形成设备状态全维度感知网络；同时，建设以能量路由器为核心的自愈型合环运行交直流混合配电网。在线、台端，工程将实现智能配电变压器终端深度应用、配电站房全景感知和线缆设备智能管控。在户端，将进行计量装置升级改造及物联感知建设。示范工程还在现有基础上，整合已有系统，并汇集站-线-台-户终端数据，构建全景智慧泛在物联体系，打造智慧城市能源云平台，实现数据互联、信息互动，提升张江科学城泛在物联网数据的综合管理能力。

从规划成效上看，示范工程的建设将使区域内可再生能源占比从43％提升至50％，单位产值能耗从0.27t/万元下降至0.2t/万元，能源整体利用效率从47％提升至51％，电能占终端能源比例从75％提升至80％。

2.6　存在的问题与挑战

能源互联网的建设将使我国能源利用从以化石能源为主向以清洁能源为主转变，使封闭式、"竖井式"独立发展的能源系统向开放式、融合式能源系统转变。这些转变在促进能源生产消费革命的同时，也将加深能源系统建设运行的复杂程度，改变能源行业传统利益格局，对体制机制活力、企业创新能力提出更高的要求。当前我国能源互联网仍处于探索发展初期，其融合开放的建设过程必将面临来自理念、机制、技术、市场等多方面的问题与挑战。

（1）规划设计缺乏统筹。

虽然我国明确提出了能源互联网发展路线和示范工程建设内容，并通过目标导向类、财政激励类政策对能源互联网建设给予了充分保障，但从我国首批能源互联网示范项目验收情况来看，仍然存在顶层设计不够完善导致的进展缓慢，以及与当地规划冲突等原因造成的项目中止。由于地方政府相关政策不配套、可再生能源补贴下调、分布式发电市场化交易试点尚未真正落地等原因，商业模式难以形成，收益率大幅缩水。企业主体和各地政府、电网、各投资方之间缺乏有效沟通，甚至与不同政府部门管理的其他试点项目有冲突，都是造成能源互联网项目落地困难的原因。地方政府需要加强对能源互联网的认识和规划统筹，推进各政府部门协调工作，对项目参与者采取激励政策，确定投资后回收价值的机制，并从法律层面保障数据应用。

（2）跨界合作存在壁垒。

能源互联网建设涉及地方政府、用户、能源企业、互联网企业、生态跨界企业等多方利益诉求，单个主体进行博弈、协调的难度较大。能源互联网本身就意味着现有的能源信息化平台将要向开放的互联网化平台进行转型，在共享信息、资源的同时，在市场环境尚不成熟的情况下，如何实现利益共享是当下最为核心的问题。传统能源企业具有资本、技术、人才优势，但面临组织机制不灵活、投资运营模式不清晰等问题；新进入者面临能源技术储备不足、既有业务与能源业务跨行业协同困难等问题。能源互联网中的企业应围绕产业链核心企业形成产业集群，获得新的互补技术、互补资产，降低交易成本，取得协作经济效益，分散创新风险。

（3）关键技术亟须突破。

能源互联网发展涉及能源网络协同、信息物理系统融合、创新运营模式等多领域技术的交叉融合，能源路由器、高效储能技术、智能化控制技术、虚拟电厂技术以及"大云物移智链"等技术在能源系统中的应用攻关难度大，需要产学研多方合作及大量科研投入，并保证相关技术能够在实际建设过程中得到顺利推广和应用。同时，需要逐步完善能源互联网中各类型设备、数据接口标准以及信息传输协议，保证能源流与信息流的互联互通。能源电力企业应持续推进装备制造的升级换代和高速无线宽带等通信基础设施建设，并与其他企业合作在5G、物联网及人工智能等方面发力，共同促进智能设备联通；互联网及信息技术企业应加强能源大数据的挖掘及与其他大数据的融合，最大化能源大数据的价值。

（4）市场机制有待完善。

我国传统能源行业存在条块分割和主体分散等问题，供电、供气、供热等行业之间、各主管部门之间存在壁垒，缺乏有效的能源市场配置。能源互联网将还原能源商品属性，形成有效竞争的市场结构和市场体系，由市场决定能源价格，进而根据供需情况决定采用的调节方式。随着我国能源体制机制改革的深入，应持续推进能源领域市场化建设，放宽多领域业务市场准入，鼓励各类社会资本积极参与，推动建立主要由市场决定能源价格的机制。着力打破省际间壁垒，构建全国电力市场，加快完善清洁能源消纳市场交易机制，充分发挥市场配置资源的决定性作用。同时，在"互联网＋"背景下，应制定与市场适应的监管框架，修订完善现有监管制度，建立以信息化技术和互联网平台为支撑的新型监管方式。

3

能源互联网技术发展

能源互联网建设通过对电、热、冷、气等多能源品种的高效转换、互补利用，以及对海量能源数据的多维度实时获取和深度挖掘，实现能源资源、能源信息和能源市场的横向多环节贯通与纵向分层协同。由此，能源互联网技术体系将由先进能源技术、能源信息融合技术和应用支撑技术三大类构成，技术发展整体上经历近期试点示范、中期集成应用、远期迭代创新三个阶段。

3.1　能源互联网技术体系

能源互联网作为能源技术和信息技术的深度融合，其技术体系涉及能源网络协同、信息物理系统融合、创新运营模式等多领域技术的交叉融合。结合能源互联网能源层、信息层和应用层三个层级，聚焦能源生产、输送、配置、消费、服务、市场各个环节，从先进能源技术、能源信息融合技术、应用支撑技术三大类构建能源互联网技术体系，如图3-1所示。

图3-1　能源互联网的技术体系

其中，先进能源技术是能源系统自身在能源生产、转换、传输、存储、消费等各环节的技术进步，通过建设高比例可再生能源接入、多能互补的能源网络，实现能源互联网的高效化与协同化。能源信息融合技术是将先进信息通信技术引入能源系统，建设开放共享的能源信息网络，同时利用"大云物移智"等先进互联网技术实现能源互联网的智能化与泛在化。应用支撑技术是利用先进的控制技术和信息技术进一步革新能源系统，通过能源互联网的虚拟化和市场化，建设主体互动、自由交易、安全高效的能源生态系统。

3.2 能源互联网关键技术

3.2.1 先进能源技术

能源互联网最根本的理念是实现高比例可再生能源的利用和综合能效提升，互联网思维推动着能源系统向多能源开放互联、对等接入和自由转换传输的方向发展。因此，其技术架构首要关注的是能源系统自身在生产、转换、传输、存储、消费等各环节的技术进步，通过电、热、冷、气等多能源品种的高效转换和互补利用，提升可再生能源消纳能力和能源系统整体效率。其关键技术包括新型发输配电技术、多能转换技术、储能技术等。

（一）新型发输配电技术

除常规或传统发输配电技术外，核能小型模块堆发电技术、无线输电技术、直流配电网技术、冷热电三联供技术等新型发输配电技术可显著提升能源互联网中清洁能源发电的比重，为提高电能利用的便捷性提供新的解决途径，支撑储能、电动汽车等灵活资源接入及能源双向互动与梯级利用。

核能小型模块堆发电技术的突破将推进能源互联网中一次能源供应结构的变革。根据国际原子能机构的定义，核电机组功率小于 300MW 的反应堆称为"小型反应堆"。当前，世界范围内核能小型模块堆发电技术都处于设计论证和示范项目建设阶段，美国有望在 2020 年 9 月前完成对 Nu Scale Power 公司小型模块堆设计的设计审查；加拿大已启动对小型模块堆建设项目的环境评价；英国政府将投入 1800 万英镑支持 Rolls‐Royce 公司的小型模块堆电厂建设；我国已启动多功能小型模块堆"玲龙一号"示范工程。未来，核能小型模块堆发电技术将凭借其高度的安全性、良好的经济性、功率规模的灵活性和特殊厂址的适应性被广泛应用于能源互联网中，实现区域供电、供热、制氢等形式的能源综合利用。

　　无线输电技术的突破将带来能源互联网功能形态的深刻变革。无线输电技术借助电磁波、微波等物理空间能量载体实现电能传输，主要分为电磁感应式电能传输技术、无线电波式电能传输技术、电场耦合式电能传输技术及磁共振式电能传输技术 4 种方式，其中磁共振式电能传输技术充电功率高达数千瓦，无线电波充电技术电能传输距离超过 10m，可极大提高电动汽车、智能电力装置等的使用灵活性和便捷性，表 3‐1 对比了这 4 种无线输电技术的特点。当前，近距离无线输电技术处于推广应用阶段，美国、日本、中国、俄罗斯等国家正积极研发论证超远距离无线输电技术，力争早日实现从空间太阳能电站向地面的无线输电。未来，无线输电技术将重点突破输电功率和距离限制，提升能源互联网中电能传输的灵活性和经济性，促进能源广域互联。

表 3‐1　　　　　　　　　　　　4 种无线输电技术比较

无线输电方式	电磁感应式	无线电波式	电场耦合式	磁共振式
原理	电流通过线圈，线圈产生磁场，对附近线圈产生感应电动势，产生电流	将环境电磁波转换为电流，通过电路传输电能	利用通过沿垂直方向耦合两组非对称偶极子而产生的感应电场来传输电力	发送端能量遇到共振频率相同的接收端，由共振效应进行电能传输
使用频率范围	22kHz	2.45GHz	560～700kHz	13.65MHz
充电效率	80%	38%	70%～80%	50%
优点	适合短距离充电，转换效率较高	适合远距离小功率充电，自动随时随地充电	适合短距离充电，转换效率较高，发热较低，位置可不固定	适合远距离大功率充电，转换效率适中

无线输电方式	电磁感应式	无线电波式	电场耦合式	磁共振式
挑战	特定摆放位置，才能精确充电；金属感应接触会发热	效率较低，充电时间较长	体积较大，功率较小	效率较低，安全与健康问题
应用推广场合	智能设备、装备充电			电动汽车充电

相对于交流配电网，直流配电网在输送容量、系统可控性以及供电质量等方面具有更加优越的性能，可以有效降低电力电子变换器的使用频率，有效解决分布式电源、多样性负荷与电网之间的矛盾。当前直流配电网技术处于技术攻关和示范项目阶段，未来直流配电网技术发展需加快突破运行控制关键技术瓶颈，如多端柔性直流电网稳定控制、稳定性问题机理及阻尼控制，以及交直流配电网优化运行等；同时，需同步研发直流配电网关键设备，如直流变压器、大功率交流/直流变压器、直流断路器等，为能源互联网实现高比例可再生能源、大容量储能等低损耗接入及能源间的高效双向互动提供解决方案。

冷热电三联供（Combined Cooling Heating and Power，CCHP）技术是能源互联网实现能效提升的重要元素。CCHP 技术可提高一次能源的利用效率，实现能源的梯级利用。国外 CCHP 技术发展成熟，现处于大规模推广应用阶段；国内 CCHP 技术起步较晚，受气源短缺影响，处于小规模试点阶段。美国 CCHP 总装机容量占全国发电量超过 15%，计划 2020 年实现 50% 新建筑和 15% 的现有建筑均采用 CCHP 系统。丹麦 80% 以上的区域供热能源采用热电联产方式产生，其发电量超过全部发电量的 50%。日本计划到 2030 年 CCHP 装机容量将达到 1630 万 kW。我国已在北京、上海等大中型城市建设多类型楼宇项目的 CCHP 系统，但由于气源气价等因素以及设计运营经验不足，经济效益偏低。未来，随着能源互联网中新能源的广泛应用和控制技术的快速进步，CCHP 技术将逐步向多种能源形式的耦合和集成方向发展，如研发太阳能热动力的 CCHP 系统。

（二）多能转换技术

多能转换技术是能源互联网实现不同能源开放互联、高效转换的核心技术。能源转换除了常规的利用发电机等各种技术手段将一次能源转换成电力等二次能源外，还包括利用电解水制氢、热电耦合等技术，将电能转换为热、冷、气等其他形式的能源，欧洲率先把这种由电能向其他终端能源品种的转换技术称为 P2X（Power to X）技术。

当前能源转换形式多样，按照技术成熟度和商业化应用程度可分为常规能源转换技术和新型能源转换技术。各种能源转换效率见表 3-2。常规能源转换技术具有转换效率高、技术成熟度高、商业化应用程度广的特点。如电转热技术，电锅炉的转换效率达到 90％以上，地源热泵的能效比为 3～5；以空调为主要设备的电转冷技术的能效比达到了 2.6～3.5，冷热电三联供技术的系统转换效率超过 90％。以 P2X 为代表的新型能源转换技术现仍处在研发示范阶段，高技术成本是制约其商业化应用的主要瓶颈。电转气方面，电解水制氢的成本高于煤制氢；电转动力方面，燃料电池汽车的经济性短期内难以超越锂离子电池汽车。

表 3-2　　　　　　　　　　　多能转换效率情况

类别	代表性技术及设备	转换效率
光→电	光伏组件	16％～18％
风→电	风机	3％～38％
电→热	电锅炉	90％～95％
	热泵	3～5（能效比）
电→冷	空调	2.6～3.5（能效比）
电→气	氢气	60％～75％
	天然气甲烷	50％～60％
氢气→电	燃料电池	40％～60％
天然气甲烷→电	燃气轮机	45％～60％
冷热电三联供	燃气轮机、余热锅炉	70％～90％

91

未来随着 P2X 技术成本逐步降低、清洁性和系统调节效益日益显现，在能源互联网中的发展前景十分可观。随着能源清洁性的重要程度日益提升、P2X 在能源互联网中的调节价值逐渐得以挖掘、相关技术突破推动成本降低，P2X 的综合效益将超过能源转换引起的效率损失，新型 P2X 技术将持续突破能源互联网中不同能源种类间的转换限制。

（三）储能技术

随着能源结构清洁转型不断深化，储能在未来能源发展格局中将扮演至关重要的角色，其独特的"能量转移"功能是解决新能源接入间歇性和波动性问题的重要技术路径，是实现能源互联网多能互补的重要手段。储能在电力系统中的应用可分为电源侧、电网侧和用户侧三大环节，包括新能源并网、电网辅助服务、分布式及微电网、工商业储能、电动汽车动力电池梯次利用等应用场景。

当前，按照技术成熟度由高到低可分为机械储能、电磁储能和电化学储能技术三类。机械储能技术（如抽水蓄能、压缩空气储能、飞轮储能等）凭借储能容量大、技术成本低的优势大规模应用于电网系统的调峰调频，但存在响应时间慢和受地理位置限制的缺点。电磁储能技术（如超导储能、超级电容储能等）具有毫秒级的响应速度但成本较高的特点，因而被应用于提高电能质量和抑制谐波振荡等关键控制环节。电化学储能技术（如铅蓄电池、锂离子电池、燃料电池储能等）具有响应时间快、不受地理位置约束、储存时间长的特点，随着大规模清洁能源的开发利用和电动汽车市场的兴起而被广泛关注。不同储能技术的经济性详见表 2-1。

未来，电化学储能技术有望成为能源互联网中能源存储的核心。储能装置经济性和容量水平的提升是实现商业化应用的关键，近年来世界范围内已建或在建的兆瓦级储能示范工程中，电化学储能项目多达 55.6%。储能容量限制的瓶颈将会率先突破，技术成熟度和电动汽车保有量的持续提高将进一步促进电化学储能成本的降低。

（四）能源路由器

能源路由器具有能源交互、智能分配、缓冲储能的功能，是能源互联网实现能源优化管理的核心设备，可为能源互联网中高比例可再生能源及储能的接入、高级能源管理与信息交互、自下而上自治组网和以用户为导向的市场模式等提供技术支撑。

能源路由器设计理念先进，仍处在探索和研发阶段。当前学术界对能源路由器的理解大致可分为两类（见表3-3），第一类是以实现电流灵活控制和实时调度为目标的"电能路由器"，如美国北卡州立大学和瑞士苏黎世理工大学研发的固态变压器。第二类是以实现交直流电及风光储等多种能源类型间灵活转换为目标的"能量路由器"，如欧盟UNIFLEX-PM项目提出的"能量变换器"和中国电力科学研究院团队提出的"能量路由器"，其原理如图3-2所示。当前第一类研发的固态变压器仅实现了电能路由的功能，是能源路由器的雏形。

表3-3　　　　　　　　　世界主要国家能量路由器研发情况

开发者	设备名称	设备功能	所处阶段
美国北卡州立大学FREEDM中心	第一代固态变压器	实现交直流电网的系统互联以及潮流的灵活控制	示范工程
瑞士苏黎世理工大学	1MVA固态变压器	大容量固态变压器，用于智能微电网，满足电能路由器适用于主干电路的要求	示范项目
欧盟UNIFLEX-PM项目	背靠背多变换器	有功和无功潮流可以双向流动，电能质量和电网鲁棒性满足欧盟和国际上关于分布式能源的并网标准，端口间电气隔离，模块化结构运行可靠且维护便利	示范项目
中国电力科学研究院	适用于低压交直流混合配电网的能量路由器	交流接口采用单相组式逆变器的电路结构，降低电压应力且兼顾模块化和成组运行的能力，直流接口采用双向Buck-Boost电路，增强了电网对分布式能源的接纳能力	理论研究

未来，电力电子技术和大规模储能技术的协同发展是能源路由器实现的必要条件。大规模储能技术亟须突破效率、成本、容量等技术问题，电力电子领

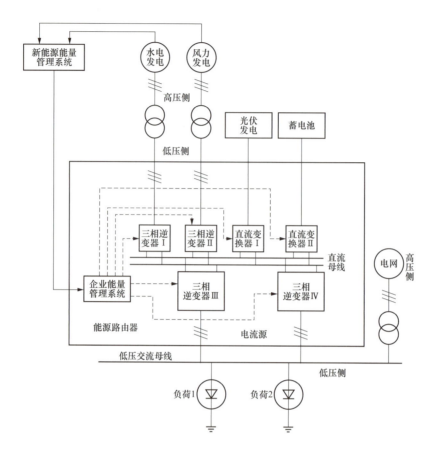

图 3-2　能源路由器原理示意图

域积极研发基于半导体全柔性控制的固态设备，在此基础上，能源路由器才能集成能源高效传输、低损耗转换、高度能量自由路由等功能，真正实现多能互联、调度和控制。

3.2.2　能源信息融合技术

能源互联网的建设将广泛挖掘潜藏信息价值，赋予系统感知、预测和决策能力，提升市场调节水平，实现多种能源间的余缺互济，逐级消纳供需矛盾、平抑波动。这就需要将先进信息技术与能源技术深度融合，通过能量流与信息流的贯通，实现能源系统全环节智能化和分布式能源即插即用，以及能源链的资源和信息开放共享，为消费者提供低成本、更优质的能源服务。其关键技术包括"大云物移智"等先进信息技术在能源领域的应用创新。

（一）大数据技术

大数据技术立足于对海量能源信息数据的分析计算和深度挖掘，助力能源互联网实现智能化用能决策和高效运维管理。能源互联网中的大数据来自于管网安全监控、经济运行、能源交易和用户电能计量、燃气计量及分布式电源、电动汽车等。

当前我国大数据产业规模加速增长，应用领域不断扩展。2018年我国大数据产业规模达到6170亿元，预计2020年将突破10 000亿元[1]，在数据挖掘、机器学习、产业转型、数据资产管理、信息安全等大数据技术及应用领域都将面临新的发展突破，成为推动经济高质量发展的新动力。

未来，大数据技术将助力能源互联网安全、稳定、经济、协同运行，催生新的商业模式。如图3-3所示，具体包括通过建设集电网、分布式电源、能源微网、储能等装置的营配运一体化大数据平台，辅助能源互联网的多源系统协同运行决策；通过对能源系统实时运行数据和历史数据进行深层挖掘分析，实现对能源互联网运行状态的全局掌控，提高能源互联网运行的安全性和可靠

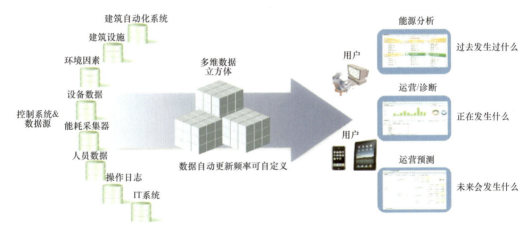

图3-3　大数据技术在能源互联网中的应用

---

[1]　数据来源：中商产业研究院发布的《2019年中国大数据产业园发展前景及投资研究报告》。

性；综合分析能源互联网中各参与主体的心理、行为与地域、气候、居住环境等各种外部因素间的关系，为创新能源互联网商业模式提供参考依据。

（二）云计算技术

云计算技术为能源互联网随时随地、按需匹配、便捷获取计算资源提供解决方案。在能源互联网中，利用有限的软硬件计算资源，将分散的能源资源数据在"云端"集成为新的"有机体"，实现广域能源信息共享，从整体进行智能计算，使能源资源配置更经济高效。

当前云计算技术处在快速发展阶段。2018 年工业和信息化部《推动企业上云实施指南（2018－2020 年）》的政策推出，进一步优化了云计算产业发展和行业应用环境，激发了云计算产业发展动力，受超大规模数据中心、大型企业和中型数据中心需求增长的推动，预测 2020 年我国云计算市场规模达到 1477.4 亿元❶。2019 年，工业互联网成为云计算的新蓝海，步入应用推广阶段。

未来，云计算在能源互联网中的应用范围将从企业云、局域云拓展到广域云，为能源产业链源-网-荷-储全局优化调度提供云计算服务。随着企业上云政策的推进，加快实现能源企业数据信息云端化；根据分布式电源、储能设备和电动汽车等间歇性电源与负荷接入能源互联网的规模，构建基于局域云计算的调度决策平台；进而随着先进的通信技术和物联网技术的发展，实现能源互联网广域范围内基于云计算的能源管理、负荷预测、能源交易等。

（三）物联网技术

在能源互联网时代，数据采集和连接需要深度下沉，物联网技术是能源互联网实现广泛互联的重要支撑技术。基于广域信息传感和低功耗通信，物联网技术弥补了传统通信技术无法监测与控制用能设备的不足，可有效获取能源互联网感知层的原始数据，为需求侧响应"最后一千米"提供技术保证。

---

❶ 数据来源：中国信息通信研究院发布的《云计算白皮书（2018 年）》。

当前，物联网在技术层和应用层不断更新，随着全球 5G 的部署及智慧城市的加快推进，物联网产业将再次迎来蓬勃发展。IDC 公司数据显示，2018 年全球物联网开支达 6460 亿美元，2019 年预计将增长 15.4%，市场规模达到 7450 亿美元，中国市场规模为 1820 亿美元，仅次于美国居全球第二。技术层面，低功耗广域网（Low Power Wide Area Network，LPWAN）物联网技术凭借流量小、连接数量大的特性为工业生产、交通以及国家公共服务部门海量智能终端互联提供解决方案，实现广覆盖、低速率、低功耗和低成本的无线网络接入。LPWAN 技术体系包括窄宽带物联网标准（Narrow Band Internet of Things，NB－IoT）、远距离标准（Long Range，LoRa）、Sigfox，表 3－4 对比了这 3 种技术体系。

表 3－4　　　　　Sigfox、LoRa、NB－IoT 物联网技术体系对比

技术体系	Sigfox	LoRa	NB－IoT
创立时间	2009 年	2015 年	2016 年
推动者	Sigfox（公司）	LoRa Alliance（联盟）	3GPP（联盟）
使用频谱	非授权频谱 Sub－1GHz ISM	非授权频谱 Sub－1GHz ISM	1GHz 以下授权频谱
使用频宽	100Hz	125～500kHz	180kHz
最远传输距离	50km	20km	20km
传输速率	100bit/s（低）	300～50kbit/s（中）	50kbit/s（高）
可连接数量	100 万个	25 万个	10 万个
优势	(1) 传输距离最长； (2) 功耗较低； (3) 提供现有 Sigfox 基地台及云端平台； (4) 全球性网络服务	(1) 运营成本低； (2) 功耗较低； (3) 弹性资料传输速率； (4) 可与多个电信运营商合作	(1) 使用授权频谱，干扰小； (2) 可维持稳定速率品质； (3) 可使用现有 4G 电信基地台

未来，智能传感芯片设计制造核心技术的攻破将带动低功耗广域网物联网技术发展，为能源互联网中海量的"小数据连接"提供解决方案。通过泛在互联和智能感知，为精准分析源、网、荷、储相关业务提供理性、可靠的数据

支持。

（四）5G 技术

5G 是能源互联网实现能源信息高效可靠传输、共享的关键技术。5G 改变传统能源业务运营方式和作业模式，为能源互联网用户打造定制化的"行业专网"服务，相比于以往的移动通信技术，能更好地满足能源互联网业务的安全性、可靠性和灵活性需求。

随着 5G 标准和频谱生态环境的统一，各国加快了 5G 的商业化进程，在 5G 技术的发展道路上竞相卡位，竞争激烈。中国 5G 发展已进入全球 5G 研发第一阵营，目前 5G 系统设备已具备商用条件，终端产品也日益丰富。据工业和信息化部中国信息通信研究院发布的《5G 经济社会影响白皮书》预测，至 2030 年，5G 将带动的直接总产出将达 3.6 万亿元，经济增加值为 2.9 万亿元，就业机会将增加 800 万个。

未来，5G 将以提供传输速度超过 10Gbit/s 的增强型移动宽带、毫秒级超可靠低时延及 10 倍于 4G 的超高连接数密度（如表 3-5 所示）等优势，广泛应用于能源互联网中的智能配电自动化、视频传输、分布式能源接入等业务。此外，5G 与云计算、大数据、人工智能等技术的融合创新，将进一步催生新需求、新技术、新模式，构建开放共赢的能源互联网产业生态。

表 3-5　　　　　　　　　5G 与 4G 关键性能指标对比[1]

技术指标	4G 参考值	5G 目标值	提升效果
峰值速率	1Gbit/s	10～20Gbit/s	10～20 倍
用户体验速率	10Mbit/s	0.1～10Gbit/s	10～100 倍
流量密度	$\times 0.1$ Tbit/s/km^2	$\times 10$ Tbit/s/km^2	100 倍
端到端时延	$\times 10$ms	1ms	10 倍
连接数密度	$\times 10^5$/km^2	$\times 10^6$/km^2	10 倍
移动通信环境	$\times 350$km/h	$\times 500$km/h	1.43 倍

[1] 数据来源：肖育苗，等.5G 与 4G 网络的对比分析综述［J］.中国新通信，2017（11）。

（五）人工智能技术

人工智能技术可为能源互联网提供智能决策支撑，实现能源的综合优化管控。通过人工智能技术可实现对海量运行数据的优化、分析、判断、决策，有助于形成具有柔性自适应能力的能源互联网。

当前人工智能技术正处于蓬勃发展阶段。随着大数据、云计算、互联网、物联网等信息技术的发展，泛在感知数据和图形处理器等计算平台推动以深度神经网络为代表的人工智能技术飞速发展，诸如图像分类、语音识别、知识问答、人机对弈、无人驾驶等实现了技术突破，迎来爆发式增长的新高潮。截至2018年底，我国人工智能企业数量位列世界前第二，投融资规模世界第一。随着相关技术的不断成熟以及各类应用场景的落地，预计2020年人工智能市场的整体规模将接近1000亿❶。

未来，人工智能技术将与能源系统深度结合，广泛应用于能源互联网电源与负荷预测、多能协同智能调度决策、故障诊断等。利用人工智能技术对新能源发电波动、网络运行状态、用户负荷特性和储能资源等海量、高维、多源数据进行深度辨识、在线学习和高效处理，实现多时间尺度全面感知、聚类、预测和故障诊断，进一步提升能源互联网智能化水平。

3.2.3　应用支撑技术

能源互联网在应用层面还需通过多能协同控制技术、虚拟电厂技术、区块链技术等进一步打通物理能源层与市场应用层之间的渠道，建设共享经济和自由交易，拓展能源市场的深度和广度，不断创新业态与商业模式，为能源生产、传输、供应、服务企业带来更多市场机会，也为能源用户带来更加完善和丰富的用能体验。

（一）多能协同控制技术

多能协同控制技术是能源互联网实现能源优化调度、系统稳定运行、经济

---

❶　数据来源：清华大学中国科技政策研究中心发布的《中国经济报告》。

效益最大化的核心技术手段。通过多能流网络最优调度与控制，实现对能源互联网中广泛分布的一次能源（煤炭、石油、燃油、燃气、可再生能源等）和二次能源（电力、氢气、工业废气、余热等）的灵活配置。

当前多能协同控制技术仍处于技术攻关阶段。美国成立"能源系统集成中心"以测试商业规模的可再生能源网络集成控制系统，英国启动"能源系统弹射器"项目支持研发基于多能协同控制的综合能源系统，瑞士开展"未来能源网络愿景"项目研究电、热、冷、气等能源网络的耦合控制，中国正试点研发基于多能协同控制技术的多能流综合能量管理系统（Integrated Energy Management System，IEMS）。通过建设 IEMS 专有云，实现对广域范围内传统电网调度无法涉及的大量分布式资源的灵活控制与管理，提供云端能量管理、虚拟能厂等服务。国内在建及建成的 IEMS 示范项目有成都高新西区的"互联网＋"智慧能源示范项目、广州从化工业园区的综合能量管理系统研发和示范项目、广东东莞立沙岛的智慧能源能量运行控制系统研发项目等。区域多能流示范项目示意图如图 3-4 所示。

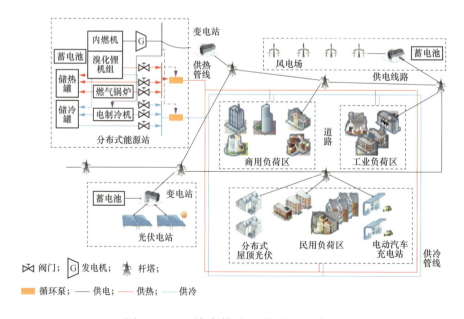

图 3-4　区域多能流示范项目示意图

未来，多能协同控制技术发展将加快打破不同能源系统间的控制界限，主要研究能源互联网内综合能源的分布自治综合控制系统实现方法、规范化信息模型和开放式服务接口的建立方法，以及冷热制取、存储及释放效率的优化控制方法。

（二）虚拟电厂技术

虚拟电厂技术是能源互联网实现全域综合需求响应的重要技术手段之一。虚拟电厂技术采用互联网方式集成多种类型分布式能源系统和多种类型用能负荷，通过集成调控和管理，对外形成供能能力更为高效、更具弹性的类电厂系统，可实现规模化的能源资源合理分配、优化调度，如图3-5所示。

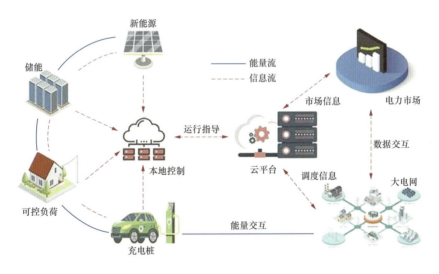

图3-5　虚拟电厂示意图

目前，虚拟电厂技术在欧美发达国家有较多的研究，已有一些可供借鉴的小规模示范项目，我国虚拟电厂基本处于前期试点研究阶段。国内外现已实施的虚拟电厂项目包括德国卡塞尔大学太阳能供应技术研究所的试点项目、欧盟虚拟燃料电池电厂项目、欧盟FENIX（Flexible Electricity Network to Integrate the Expected Energy Solution）项目、中国上海黄浦区商业建筑虚拟电厂项目等。

未来，虚拟电厂技术发展需集中在物理、调控和市场三个层面。物理层面，虚拟电厂打破了传统电力系统中物理上发电厂之间及发电和用电之间的界限，需加大在能源网络通信设备、能源数据采集设施、能源生产消费调控设备等基础设施的建设和投入。调控层面，需加强对分布式能源的预测、区域多能源系统综合优化控制、复杂系统分布式优化等技术研究。市场层面，需为虚拟发电厂参与能源系统的能量市场、辅助服务市场、碳交易市场等创造宽松的环境。

（三）区块链技术

区块链技术作为未来关键市场技术，是能源互联网实现能源全生命周期可信、可追踪的重要技术手段，将推动能源互联网金融业的发展。区块链强大的分布式算法能够保证能源互联网全网数据同步，从功能维度、对象维度和属性维度最大程度匹配能源互联网的特点（如图 3-6 所示），突破能源互联网金融在交易计价、风险测量和结算等方面存在的技术瓶颈。

图 3-6　区块链技术在能源互联网中的应用

区块链技术是集成分布式数据存储、点对点传输、共识机制、加密算法等计算机技术的新型应用技术。目前区块链技术尚处于探索和研究阶段。据腾讯研究院的数据显示，近 5 年来，全球区块链企业数量年增长率达 65%，预计到 2025 年区块链经济将占全球 GDP 总量的 10%。根据工业和信息化部发布的

《中国区块链技术和应用发展白皮书（2016）》，可将区块链技术发展归纳为"可编程货币－比特币""可编程金融－智能合约""可编程社会－价值互联网"三个阶段，当前处于从阶段一向阶段二的发展过渡时期。监管政策方面，我国区块链行业监管态势收紧，西方国家对区块链监管较为宽松，通过完善首次虚拟代币公开发售（Intial Coin Offering，ICO）融资基础设施，积极引导市场资金规范入场。如美国允许稳定币发行，允许Bitgo❶开展资产托管业务；法国通过立法制定ICO引导方针，给企业营造友好的环境氛围。

未来，区块链技术可广泛应用于能源生产、能源交易、能源资产投融资和节能减排环节，通过解决授信机制问题，提高广域能源互联网范围内的运行效率和整体水平。包括以"区块链＋能源生产"实现对能源生产环节相应单元的计量、检测、运维等生产管理。以"区块链＋能源交易"催生分布式交易系统，提高交易效率与安全，实现以电动汽车充放电为代表的能源产消一体化格局。以"区块链＋能源资产投融资"产生新型投融资方式，提高投资环节透明度，降低能源投资者风险以及政府的监管成本。

3.3 能源互联网安全防护

能源系统安全稳定运行，是能源互联网建设的第一要义。能源互联网在具有互联互通、即插即用、高度集成、智能高效等特征的同时，也面临接入环境更加复杂、接入方式更加灵活多样、接入智能终端数量更加庞大等挑战，极大地增加了系统安全风险。在互联网环境下，信息的传输与存储安全、用户隐私保护、人为恶意攻击等都可能影响整个能源系统的安全可靠性，增加系统稳定运行风险。因此，能源互联网始终需要将安全防护体系建设作为发展的重点任务之一。

---

❶ 比特币安全平台。

3.3.1 能源互联网面临的安全隐患

能源互联网系统结构的复杂性增加了系统安全分区防护的难度。与集中式的能源生产、消纳方式不同，能源互联网中存在大量的分布式能源和分布式控制方式，不同业务特征、不同安全级别的系统间存在大量的信息交互，增加了安全区域划分的难度。此外，系统内复杂的交互机理易造成严重的连锁故障，不利于事故的定位与排查。

能源互联网开放式的网络通信标准增加了网络安全防护的难度。传统电网和电站间的监控与数据采集系统通信采用专网专用的方式，具有较高的安全性。而基于物联网技术的能源互联网系统是基于开放、标准的网络技术，所有的供应商都可开发基于因特网的应用程序实现检测、控制或远程诊断，从而导致控制系统的安全性降低。

能源互联网"泛在物联"的特征增加了黑客入侵的风险。随着物联网技术、5G 技术、云计算技术等信息通信技术的发展，智能终端在能源互联网中的应用越来越普及，不同的操作系统、不同的智能化操作软件、形式多样的智能终端接入方式以及多样化的智能终端接口类型等，都有可能存在着易被黑客攻击的安全漏洞。

能源互联网中用户参与需求响应的互动方式带来了新的安全隐患。基于多能流协同控制技术、虚拟电厂技术、区块链技术的需求响应将带来大量主体互动，如果出现人员误操作或恶意操作，将会对系统造成严重影响。此外，随着网络边界向用户侧衍生，用户数据和隐私泄露也成为潜在的网络风险。

3.3.2 安全防护体系建设关键环节

面向能源互联网建设和发展需要，应不断优化网络安全分区和数据部署策略，构建互联网大区，筑牢网络安全"三道防线"，构建"可信互联、精准防护、安全互动、智能防御"的核心防护能力，优化能源信息运监体系，保障传统能源业务和新业务新业态的蓬勃发展。

推动能源互联网领域的安全标准制定。加强整体行业安全管理，建立安全性合规性检测机制，从安全框架体系、安全测评、风险评估、安全防范、安全处置方案等方面推动标准规范制定和落地。

构建能源互联网基础设施全生命周期安全体系。在硬件、操作系统、通信技术、云端服务器、数据库等各个模块之间做好统一的安全体系建设，从开发到制造、集成，把安全设计融入能源互联网产品生命周期每个步骤，从芯片到硬件、软件、系统，将安全防护作为能源互联网每个环节必要的配套手段。

构建能源互联网接入全程可信、可控的立体防御体系。在能源互联网环境中，基于可信计算的能源互联网终端安全接入，就是要从接入者身份可信、接入终端安全状态可信、接入行为可控、网络访问通道可信、网络访问内容可控、全面的检测与审计七个层面构建能源互联网接入全程可信、可控的立体防御体系，保证外部接入的访问通道、身份、状态和行为可控。

加强能源互联网安全隔离和风险防范机制建设。围绕体系结构、监测感知、密码支撑、数据安全、边界安全等方向，针对能源互联网业务需求，完善安全隔离和接入技术，开展数据分类分级和数据保护，从综合设备分布、流量统计、安全威胁监测等多维度持续监控网络状态。

3.4　能源互联网技术发展展望

能源互联网技术发展应针对先进能源技术、能源信息融合技术、应用支撑技术三大类中的关键技术，重点开展基础原理突破、核心设备攻关、试点示范应用和功能迭代创新，分阶段不断完善技术及标准体系。未来，能源互联网技术发展将表现为三大类技术的共同进步与深度融合，结合相关技术发展趋势，能源互联网技术整体上将分为近期试点示范、中期集成应用、远期迭代创新三个阶段，推动能源互联网从概念框架验证逐步向成熟定型方向发展。

近期试点示范阶段，**能源互联网尚处于概念框架验证时期，技术发展将围绕多能源品种接入展开研发攻关，逐步提高能源在生产、传输、转换、存储、消费等环节的状态信息可测程度和数据精度**。具体表现为：先进能源技术方面，大力发展新型发输配电技术，不断提高技术的成熟度和经济性，积极发展电化学储能技术，加快突破储能经济性和容量限制的技术瓶颈。能源信息技术方面，加快研制信息通信领域的核心传感器设备，持续攻坚核心技术算法，提高设备间泛在物联程度。应用支撑技术方面，加快建设基于虚拟电厂技术的能源互联网示范项目，推动基于物联网的信息采集与传输等研发和应用取得重大突破。

中期集成应用阶段，**能源互联网处于快速发展时期，各类技术将以系统性、体系化的方式集成，围绕横向多能互补和纵向源-网-荷-储协调重点布局，逐步实现能源各环节的状态信息智能可控**。具体表现为：先进能源技术方面，加快提高以 P2X 为代表的新型能源转换技术的经济性和转换效率，加快研制具有产业化前景的能源路由器设备，实现多能源品种的高效传输、低损耗转换、自由路由等功能。能源信息融合技术和应用支撑技术方面，应结合能源互联网示范工程，重点布局基于物联网的能源数据信息采集、基于 5G 通信的能源互联网广域信息传输、基于人工智能核心算法和大数据分析的能源优化调度，全面提升能源互联网的数字化、智能化程度。

远期迭代创新阶段，**能源互联网处于发展成熟时期，各类相关技术达到深度融合，将在能源互联网全产业链、全价值链实现集感知、分析、预测、决策、控制、自学习于一体的智慧化运营与管理**。具体表现为：以更先进的发输配电技术引领能源技术向更清洁、低碳、高效的方向发展；基于人工智能、数据挖掘技术实现对复杂场景下的多能流协同调度和智能控制决策；应用区块链技术助力能源互联网共享数据、优化业务流程、降低运营成本、提升协同效率、建设可信体系。此外，全产业链的数字化与互联互通会显著增强能源互联网的交互能力，通过共享能源公共基础设施和知识信息资源，降低创新壁垒与成本，引发创新思想的指数级增长，这将为能源互联网技术迭代带来颠覆性变革。

4

能源互联网发展评估

对各国能源互联网的发展进行综合评估具有重要作用。一方面，通过从全球视角多维度了解各国能源互联网的发展情况，可准确掌握我国能源互联网发展整体所处位置，便于制定合理发展战略，从而进一步确立我国的全球行业引领者地位，增强全球竞争力和影响力；另一方面，通过我国与其他国家能源互联网发展的多维度对比，找出差距与不足，便于借鉴国外先进经验，避免"走弯路"，从而实现我国能源互联网的科学、高效、快速发展。

4.1　能源互联网发展评估概述

目前，对能源互联网发展的综合评估尚处于起步阶段，从国家层面进行能源互联网发展的评估基本处于空白，已开展的相关评估重点集中在两个方面。

一是综合考虑区域能源互联网的动态演化过程，针对区域能源互联网的发展成熟度进行评估，评估结果可以为该区域的能源互联网规划、建设、运营提供支撑。 如马军华❶等建立了面向成熟度分析的能源互联网发展综合评估方法，该方法的评估对象为区域，综合考虑评价区域能源互联网的动态演化发展过程，给出该地区不同发展阶段下的能源互联网发展情况。该方法从定性和定量两方面进行评价，评价体系如图 4-1 所示。定性评价内容包括能源互联网的能源品质指标、安全可靠性指标、经济性指标、社会性指标、能量结构优化指标、交互友好性指标、组织管理与商业模式指标、公平开放性指标等，定量评价是在定性评价的基础上进行分解和量化。

二是综合考虑示范区域的能源生产方、服务方、消费方以及社会多方利益主体，从能源互联网规划、建设、运营等多个环节入手开展评估，其评估结果对于各个示范工程间的横向对比、优势互补以及查缺补漏具有较好的支撑作用。 如蒋菱❷等建立的面向工程规划的能源互联网综合评估方法，该方法结合

---

❶ 《能源互联网评价体系研究》，中国电力，2018，58（8）：38－42.
❷ 《智能电网创新示范区能源互联网评估指标及评价方法》，电力系统及其自动化学报，2016，28（1）：39－45.

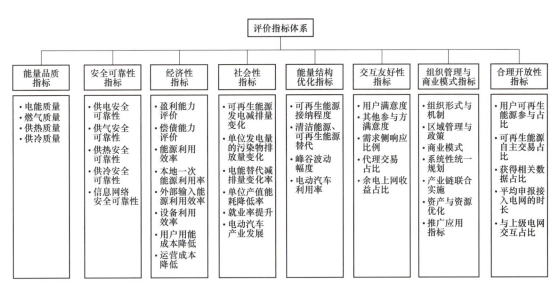

图 4-1 面向成熟度分析的区域能源互联网发展综合评估指标体系

能源互联网概念和典型特征，以创新示范工程为依托，从经济、能源、环境、社会和工程的多个角度，建立了一个多因子综合指标体系，如表 4-1 所示。

表 4-1 面向工程规划的能源互联网示范工程综合评估指标体系

经济角度	投资回收期、投入产出比、建设投资成本、运行维护成本、管理服务成本、冷热电协调成本、备用成本、补贴收益等
能源角度	一次能源利用率、一次能源消耗量、清洁能源利用率、清洁能源比例、热电交换律、废物综合利用率等
环境角度	污染物排放量、污染物减排率、污染治理费用、排污处罚费用、整顿损失费用、污染物危害性指标等
工程角度	用户满意度、企业形象收益、企业宣传费用、相关行业影响指数、就业效益、新能源汽车占有率等
社会角度	技术可行性、工程安全性、项目可拓展性、广域共享性、工期、工程使用年限等

4.2 评价指标体系构建

4.2.1 评估思路

从世界范围来看，能源互联网发展尚未成熟，整体处于起步阶段，多以示范工程为载体推动能源互联网建设，部分关键技术亟待突破、相关支撑体系亟待完善。从国家视角评估能源互联网的发展情况，**一方面，需要考虑评估对象在推动能源互联网发展方面所做的努力**，包括示范工程和典型项目建设情况、关键技术的研发情况、重点政策的制定及落地情况、新业务新业态的商业模式创新及应用情况等；**另一方面，需要考虑评估对象在推进能源互联网建设方面的整体成效**，包括对环境可持续发展的支撑作用、社会整体能耗下降幅度、项目建设成效。发展现状和发展成效代表了一个国家或地区当前能源互联网的发展情况，是未来发展的重要基础。但从长远来看，国家或地区能源互联网发展的优劣除了取决于发展基础外，**发展潜力也是重要影响因素**。如市场发展潜力、多能融合互补潜力、信息物理融合潜力等对能源互联网的建设规模、建设质量、建设效率等都有一定的影响。评估维度示意见图 4 - 2。

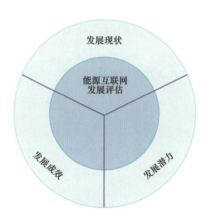

图 4 - 2 评估维度示意图

因此，能源互联网发展评估应从发展现状、发展潜力、发展成效三个维度构建能源互联网发展评估指标体系。其中，发展现状部分重点考虑典型项目、关键技术、重点政策三个方面；发展潜力部分重点分析市场潜力、多能融合潜力、信息物理融合潜力三个方面；发展成效方面，重点分析综合能效、可再生能源的利用及用户满意度等。

4.2.2　评估原则

在评价指标体系选择中，世界银行和国家政府部门普遍采用的评价指标体系设计准则有 SMART 原则。

一是 Specific（特定的）：指标体系是对评价对象的本质特征、组成结构及其构成要素的客观描述，并为某个特定的评价活动服务。针对评价工作的目的，指标体系应具有特定性和专门性。该特定性主要包括目标特定与导向特定。

二是 Measurable（可测量的）：指标应有相应的评定标准，以相同的标准作为统一尺度来衡量被评价对象的表现。可测量性要求并非强调一定是定量指标，对于定性指标测量只要建立详细的评价标准，也认为是可测量的。

三是 Attainable（可实现的）：指标体系的设计应考虑验证所需数据获得的可能性。如果用于一项指标考察的数据在现实中不可能获取或获取难度很大、成本很高，这项指标的可操作性就值得质疑，这些考察数据的取得方式和渠道应在指标体系设计时予以考虑。在实际操作中，有相当一部分数据的获得具有难度，特别是判断一些定性指标时难度就更大，这时可采用一些近似方法获得数据。

四是 Relevant（相关的）：评价指标体系中各指标应是相关的。指标体系不是许多指标的堆砌，而是由一组相互间具有有机联系的个体指标构成，指标之间相关性不强或者不相关往往不能构成一个有机整体。因此，指标间应有一定的内在逻辑关系，这种内在相关性一方面指各指标应与评价的目的相关，为评价活动的宗旨服务；另一方面指各指标应对被评价对象的各个方面给予描述。各指标之间具有关联性，能互为补充、相互验证。但应注意不要让各指标出现过多包容、涵盖而使他们的内涵重叠。

五是 Trackable（可跟踪的）：评价的目的是为了监督。一般评价活动可分为事前、事中和事后评价，无论哪种评价都需在一定阶段以后对评价的效果进行跟踪和再评价。这就要求在评价指标设计时，应考虑相应指标是否便于跟踪、监测和控制。

从国家视角评估能源互联网的发展情况，考虑发展现状、发展潜力和发展成效三个主要部分，应重点遵循客观性、系统性、一致性和可获得性原则。

（1）客观性原则。

能源互联网的综合评估涉及政策、工程、技术、商业模式等多个方面，评估指标应综合考虑各领域因素，兼顾宏观和微观层面，选取具有典型性和代表性的指标，所选指标应保证客观、可衡量，并采用科学合理的评价方法进行计算和分析。

（2）系统性原则。

综合评估所选取的指标需全面反映能源互联网的发展现状、潜力和成效，保证评价的全面性。指标体系的设计，应使所选用的指标形成一个具有层次性和内在联系的指标系统，不能缺失反映能源互联网发展某一个方面特征的指标，也不能存在游离于系统之外的独立的指标。

（3）一致性原则。

指标的选取和建立应与评价目标一致，全面评价国家或地区能源互联网的发展。指标体系的制定必须保证各个国家或地区之间设定的指标数量、范围和权重等方面协调一致，并且指标的设定充分体现和反映评估目标，避免相互矛盾或者存在相反情况。指标与目标的一致性还体现在各个指标之间的一致性，避免两个相互冲突的指标放在同一个指标体系之中。

（4）可获得性原则。

在评估过程中，要充分考虑数据可获取性以及数据标准化处理的难易程度，同类评价指标中优先选取数据完整度较高指标和数据处理相对容易的指标，尽量从权威机构数据库筛选和收集相关指标数据，不选择相对定性和无准确渠道的指标数据。

4.2.3 指标体系

科学的评价指标体系是综合评价的重要前提，只有科学的评价指标体系，才有可能得出科学的综合评价结论，在构造综合评价体系框架时，初选的评价指标可以尽可能的全面。在指标体系优化的时候则需要考虑指标体系的全面性、科学性、层次性、可操作性、目的性等。同一指标体系中的指标之间的重叠性应该尽量低，否则指标出现冗余，分析结果很容易失真。因此，在指标体系构建过程中，应对构建的原始指标体系进行筛选，得到最终评估指标体系。评估指标体系构建流程如图4-3所示。

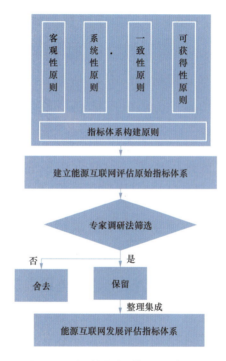

图4-3　评估指标体系构建流程

（一）原始指标体系构建

按照评估思路，将发展现状、发展潜力、发展成效作为能源互联网发展评估体系的一级指标。

（1）发展现状指标。

该指标重点评估国家或地区能源互联网整体建设现状。**一是考虑典型项目建设情况**。在能源互联网发展的初级阶段，各个国家或地区能源互联网的推进程度大部分体现在示范工程的建设上，在三级指标层面，重点考虑示范项目的建设规模（包括项目数量及单个项目所包含的元素规模）、每个示范项目的具体系统功能水平、项目的示范作用、项目用户数、项目投资以及项目在运营阶段所进行的商业模式创新水平等；**二是考虑重点政策的制定及执行情况**。在三级指标层面，重点考虑政策的系统性，包括政策的覆盖范围、覆盖领域及政策制定和颁布的数量规模等，同时考虑政策制定落地时的执行力度及对能源互联网建设的推进扶持力度等；**三是考虑关键技术的成熟情况**。在三级指标层面，重点考虑能源互联网建设所涉及的三类关键技术成熟情况，包括先进能源技术，如新型发输配电技术、多能转换技术、储能技术等；能源信息融合技术，如大数据技术、云计算技术、物联网技术、5G 技术、人工智能技术等；应用支撑技术，如多能协同控制技术、虚拟电厂技术、区块链技术等。

（2）发展潜力指标。

该指标重点评估国家或地区未来一段时期内，能源互联网的发展潜力。**一是考虑能源互联网的市场潜力**。在三级指标层面，重点分析政府推进能源互联网建设的意愿强弱，市场对能源互联网的需求情况、市场的开放程度等。**二是考虑多能互补发展潜力**。从能源特性和基础设施两个层面进行分析，能源特性方面重点分析能源生产特性和能源消费特性，考虑国家或地区各能源品种的分布和生产情况、用户对各能源品种的需求情况等，同时从能源基础设施的角度分析现有的基础设施是否能满足多能转换及互补互济的要求。**三是考虑信息物理融合发展潜力**。在三级指标层面设置融合技术研发投入、当前物理信息融合水平以及设施在物理信息融合方面的升级改造难易程度等。

（3）发展成效指标。

该指标重点评估国家或地区能源互联网的整体建设成效。**一是考虑综合能效的提升**。重点评估能源互联网建设对国家或地区综合能效提升的推动作用，在三级指标层面，设置单位 GDP 能耗、能源效率和终端能源消费电力占比等指标；**二是考虑可再生能源利用率**。重点评估能源互联网建设对可再生能源发展的促进作用，包括可再生能源装机占比、发电量占比及人均碳排放等；**三是**

考虑项目成效。重点评估能源互联网项目建设对区域用户满意度提升的支撑作用、项目的收益以及对区域市场环境的优化调节作用。

能源互联网综合评估原始指标体系包含 3 个一级指标、9 个二级指标和 34 个三级指标，原始评估指标体系架构如图 4-4 所示。

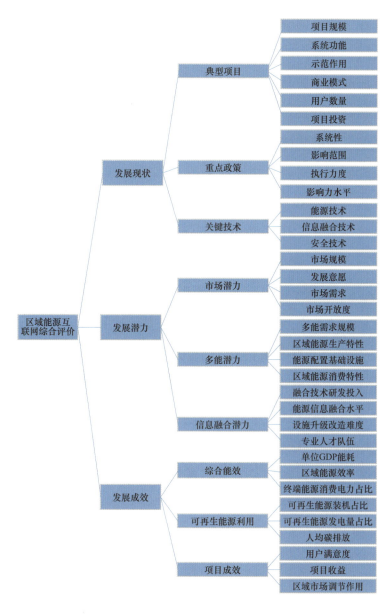

图 4-4　原始评估指标体系架构

（二）指标体系筛选

专家调研法又称专家咨询意见法，是一种向相关领域专家做调查问卷、征求意见的调研方法。评价者根据评级目标和评价对象的特征，在所设计的调查表中列出一系列的评价指标，分别征询专家对所设计评价指标的意见，然后进行统计处理，并反馈咨询结果。这样反复经过几轮咨询，如果专家的意见趋于集中，则由最后一次咨询的结果确定出具体的评价指标体系。

专家调研法适用于所有的评价对象，该方法的优点在于各个专家可以不受心理因素的影响，充分发挥自己的主观判断。在广泛汇集各个专家的意见信息的基础上，集中专家的集体智慧，最后得到合理的评价指标体系。

通过专家调研法，对原始指标体系进行筛选：**一是**删除了二级指标典型项目下的**用户数量**和**项目投资**两个三级指标。主要考虑当前阶段项目以示范为主，用户规模普遍较小，用户数量指标无法有效反映项目的建设情况。同时，考虑项目投资与项目规模指标的强相关性，保留了项目规模，去除了项目投资；**二是**删除了二级指标重点政策下的**影响范围**三级指标。一方面，不同国家或地区的"影响范围"无法有效界定，如按行政划分，各个国家或地区差别巨大；另一方面，重点政策指标一般考虑全国范围内的政策制定与落实情况；**三是**删除了二级指标市场潜力下的**发展意愿**三级指标。原因是能源互联网是能源系统发展的必然趋势已经在世界范围内得到共识。各个国家或地区都有意愿去建设能源互联网，只是各自基础和条件决定了能源互联网的发展快慢；**四是**删除了二级指标多能潜力下的**多能需求规模**三级指标。主要原因是多能需求规模指标数据难以获得；**五是**删除了二级指标信息物理融合潜力下的**专业人才队伍**三级指标。主要原因是该指标对信息物理融合潜力的支撑作用较小。

筛选后的评估指标体系包含 3 个一级指标、9 个二级指标和 28 个三级指标，筛选结果见图 4-5。

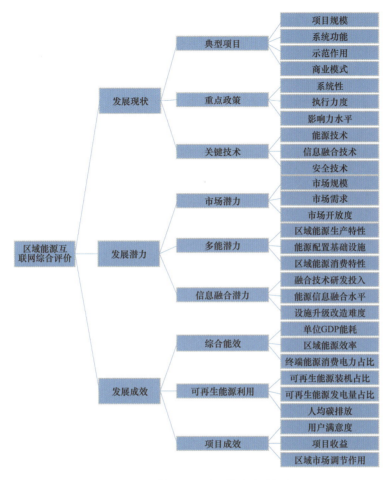

图 4 - 5　筛选后的评估指标体系

4.2.4　评价计算方法

评估计算方法选择的关键是指标权重的计算。评估指标权重是对某种事物进行评估的重要信息，反映了各项指标对被评价事物的重要程度，同一套指标体系使用不同的权重，其评价结果往往差距很大。如果评价指标权重设置不合理，其评价指标体系将失去意义，因此评估指标权重的确定对于评估体系来说至关重要。目前，对于指标权重的确定方法总体上可分为两类，即主观赋权法和客观赋权法。主观赋权法一定程度上依靠专家或者评估者的知识经验来确定指标权重；客观赋权法主要利用样本数据自身的特征信息来确定各指标的权重。由于当前能源互联网发展处于起步阶段，难以得到公认的客观赋权样本数据，所以本报告评价主要采用主观赋权方法。

常用的主观赋权方法主要有德尔菲法和层次分析法等，对各种主观赋权评价方法的优缺点和适用性进行阐述，如表4-2所示。

表4-2　　　　　　　　　　主观赋权方法的综合比较分析

评价方法	优点	缺点	适用性
德尔菲法	（1）发挥专家的作用。 （2）能把各位专家意见的分歧点表达出来	（1）过程比较复杂，花费时间较长。 （2）主观性较强	满足多类型影响因素分析复杂、灵活性高的特点，但主观性较强，容易产生误差
层次分析法	（1）在有限目标的决策中，大量需要决策的问题既有定性因素，又有定量因素。 （2）把问题看成一个系统，在研究系统各个组成部分相互关系及系统所处环境的基础上进行决策	（1）在应用中仍摆脱不了评价过程中的随机性和评价专家主观上的不确定性及认识上的模糊性。 （2）判断矩阵易出现严重的不一致现象	对多类型影响因素进行比较分析，是一种定性、定量相结合的、系统化、层次化的分析方法。这种方法将决策者的经验给予量化，特别适用于结构复杂且缺乏数据的情况。但偏向于主观性
网络层次分析法	解决了层次分析法在网络结构形式方面应用范围的限制，比之更系统、更全面、更科学	模型的计算较为复杂，不借助于计算软件的情况下，很难将模型用于解决实际的问题	在层次分析法基础上发展形成而来，特别适合于存在内部依存和反馈关系的复杂决策系统

层次分析法在此类主观赋权问题中具有良好的适用性。传统的层次分析法是根据专家对不同指标或者方案进行两两判断得到一个确定性的判断矩阵，而后通过最大特征值对应的特征向量得到指标权重。但在实际认知当中，往往专家无法准确地给定一个判断结果，特别是在指标数量较多的情况下，这样就会影响指标权重计算的合理性和准确性。基于决策问题的复杂性和人类思维的模糊性，更加合理的一种处理方式就是将确定的两两判断矩阵中的数值，用一个区间数代表的范围来替代。这样在给定判断值时就有了更大的宽松度和自由度，也更加符合实际问题在人头脑中的认知判断和思维习惯。

在研究能源互联网综合评估问题时，也面临上述情况。评估指标体系覆盖范围广泛，包括经济、技术、能源等，同时对多个国家或地区进行评估，不同指标之间两两权衡中很难直接进行精确的判断，因此，采用"区间数-可能度"矩阵的评估方法是一个比较好的选择。

具体方法步骤如下：

（1）建立区间数互补判断矩阵。

根据建立的能源互联网综合评估指标体系，采用九标度法对指标两两之间的区间范围进行判断和比较，对于具有 n 个指标的评价体系建立区间数互补判断矩阵 Q 的方法为

$$Q = (q_{ij})_{n \times n}$$

其中，q_{ij} 为指标两两对比判断区间数，q_{ij}^- 和 q_{ij}^+ 为区间数的区间范围，$q_{ij} = [q_{ij}^-, q_{ij}^+]$，$q_{ij}^- + q_{ji}^+ = q_{ji}^- + q_{ij}^+ = 1$，$i, j \in n$。

（2）求解区间数权重向量。

首先计算互补判断矩阵 Q 的行和，在此基础上进行归一化处理，从而得到区间数权重向量 W 为

$$w_i = \left[\frac{\sum_{j=1}^n q_{ij}^-}{\sum_{i=1}^n \sum_{j=1}^n q_{ij}^+}, \frac{\sum_{j=1}^n q_{ij}^+}{\sum_{i=1}^n \sum_{j=1}^n q_{ij}^-} \right] = [w_i^-, w_i^+]$$

$$w = (w_1, w_2, w_3, \cdots, w_n)^T$$

基于下述的可能度计算公式，建立可能度矩阵 P，即

$$p_{ij} = \max \left\{ 1 - \max \left[\frac{w_j^+ - w_i^-}{L(i) + L(j)}, 0 \right], 0 \right\}$$

$$P = (p_{ij})_{n \times n}$$

其中，$L(i) = p_i^+ - p_i^-$，$L(j) = p_j^+ - p_j^-$

（3）将可能度矩阵 P 行和归一化，得到各指标的权重向量λ，即

$$\lambda_i = \frac{\sum_{j=1}^n p_{ij}}{\sum_{i=1}^n \sum_{j=1}^n p_{ij}}$$

$$\lambda = (\lambda_1, \lambda_2, \lambda_3, \cdots, \lambda_n)$$

4.2.5　数据来源

全球能源研究统一平台为能源互联网的评估提供了主要的数据来源。全球能源研究统一平台由国网能源研究院有限公司研究开发，涵盖全球经济、能源、电力、环境、企业（Economy、Energy、Electricity、Environment、Enterprise，5E）相关数据信息资源库，研发集成全球能源电力分析模型与关键技术。

全球能源研究统一平台由数据信息平台、分析研究平台、展示交流平台 3 部分构成。数据信息平台由围绕 5E 形成的结构、非结构化数据库等构成；分析研究平台由经济与社会、能源与电力、气候与环境、企业战略与运营、体制机制与政策模拟 5 个研究系统组成；展示交流平台由内网、外网门户、移动客户端和展示大厅 4 部分构成的立体化展示交流入口。其中，数据信息平台作为基础，实现数据信息的高效采集、存储、管理及数据处理功能，为研究分析和成果展示提供基础支撑；分析研究平台作为核心，依托数据库与模型库，实现对经济、能源、电力、环境、企业等领域问题的量化分析和综合研究；展示交流平台作为窗口，内容来源于数据信息平台与分析研究平台，支撑专题汇报、研究交流、对外宣传。

全球能源数据信息平台为评估数据的搜集与整理提供了有效支撑。

（一）数据信息资源

数据信息分结构化数据和非结构化信息（含半结构化）两大类。结构化数据涵盖经济、能源、电力、环境 4 方面数据，按来源和指标两套体系设计，分成国际和国内数据两类。国际数据来源于国际能源署、联合国、国际货币基金组织、世界银行、国际可再生能源署、美国能源信息管理局、英国石油公司等。国内数据来源于国家统计局、国土资源部、水利部、环境保护部、国家气象局、中国电力企业联合会等机构或国家电网有限公司的统计数据，国家电网有限公司的一库三中心、运营监测中心等内部数据库。

非结构化信息（含半结构化）分国别信息、政策法规、战略规划、市场与价格、科学技术、工程项目、企业组织、气候环境、研究报告等，主要来自国际组织、专利机构、信息提供商、咨询机构、互联网等，以文档、图片、音频、视频等格式储存在平台中。其中政策法规一项按照5E领域进行细分。国别数据在结构化数据和非结构化数据的基础上抽取关键指标构建，反映国家经济、能源、电力、环境特点。

数据信息平台由基础软硬件系统、数据库管理系统和综合信息资源层三部分组成，其结构见图4-6。

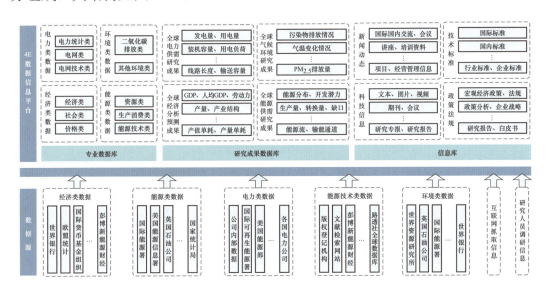

图4-6　全球能源研究平台数据信息目录

（二）数据的筛选与清理

针对数据来源复杂、统计口径多样的特点，全球能源数据信息平台基于数据质量监测和数据清洗技术，提出数据源的深度、广度、速度为衡量标准的多元能源数据融合、筛选、清洗方法，解决了评价指标计算过程中数据缺失与数据不符的问题，保证数据全面性和及时性，提高了指标数据计算的可靠性和准确度。全球能源统一研究平台对多元能源数据融合、筛选方法流程如图4-7所示。

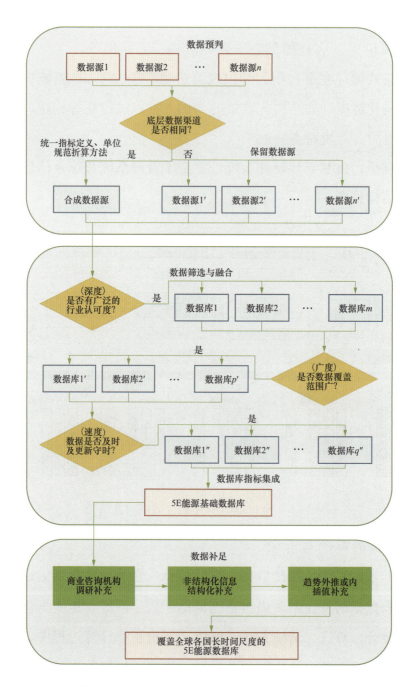

图 4-7　全球能源统一研究平台对多元能源数据融合、筛选方法流程图

4.3 典型国家能源互联网发展评估与对比分析

本节利用上述评价方法对我国及美国、德国、日本的能源互联网发展情况进行了综合评估。这4个国家覆盖了亚、欧、美三大洲，能源互联网整体发展较快，且各具特征，在当前阶段具有较强的代表性。评估结果显示，4个国家能源互联网的发展整体上差距不大，都通过典型项目和示范工程建设积累了经验，奠定了发展基础，取得了一定的成效，且未来都具有一定的发展潜力。典型国家能源互联网发展一级和二级指标评估结果如图4-8和图4-9所示。

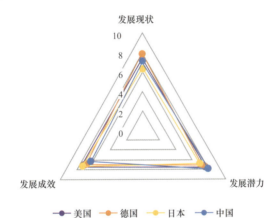

图 4-8 典型国家能源互联网发展一级指标评估结果示意图

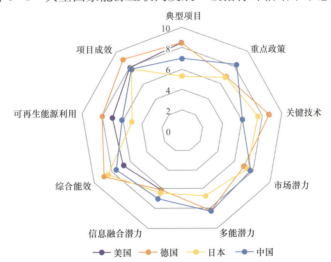

图 4-9 典型国家能源互联网发展二级指标评估结果示意图

4.3.1 发展现状维度

从发展现状维度来看，美国和德国的得分基本一致。美国是开展能源互联网理论研究最早的国家，杰里米·里夫金在《第三次工业革命》一书中最早提出了能源互联网的概念并初步明确了能源互联网的特征，为后续世界范围内能源互联网的理论研究与示范工程建设奠定了理论基础，美国的能源互联网示范工程也起步较早，在智能电网的推进过程中就注重多能互补智慧综合能源系统的发展；德国开展能源互联网实践的时间较早，是目前世界上推进能源互联网示范工程落地最早的国家之一，其开展能源互联网示范工程的相关经验对其他国家能源互联网的规划、建设和运营提供了重要的借鉴意义。美国、德国在能源互联网的示范工程建设、重点政策制定以及关键技术研发领域处于世界前列。

相对于欧美等发达国家，我国能源互联网的理论研究和工程示范起步都比较晚，2012 年才开始能源互联网方面的研究与探索，2016 年起逐步开始示范工程的实践与推广。总体来看，我国能源互联网发展虽然起步较晚，但总体目标明确、发展势头强劲。与美国和德国相比，我国的能源互联网示范项目数量大，但同质性问题突出，工程的建设效果不理想，在世界范围内的影响力相对较弱。同时，虽然我国能源互联网关键技术研发投入持续加大，相关成果在工程实践中得到了规模化应用，但与美国、德国仍存在较大差距。在政策方面，近几年我国密集出台了一系列促进和扶持能源互联网发展的相关政策，对能源互联网的发展起到了很好的支撑作用。

日本分布式能源的开发与利用一直处于世界前列，其能源互联网发展理念的核心是分布式能源的高效开发利用。日本能源互联网示范工程主要由东京燃气、大阪燃气等几大能源公司推动，其数量和规模相对较小，功能相对单一。日本近年来鲜有针对能源互联网的相关政策出台，原有的系列政策的适应性较差，扶持力度相对较弱。

4.3.2　发展潜力维度

从发展潜力维度来看，我国的能源互联网发展潜力最大。**从市场潜力来看，**2020 年我国能源互联网市场规模将突破万亿元。能源互联网的关键业态创新是综合能源服务，我国综合能源服务市场潜力规模 2020 年为 0.5 万亿～0.6 万亿元，2025 年为 0.8 万亿～1.2 万亿元，均处于快速成长期；2035 年为 1.3 万亿～1.8 万亿元，开始步入成熟期。美国、德国、日本三国的市场潜力较我国小，一方面，美国、德国、日本三国的人口规模、工业企业能源用户数量与规模都与我国有很大的差距；另一方面，美国、德国能源互联网发展起步较早，部分工业用户的个性化和多样化用能需求已经得到了满足，整体发展势头较我国弱。**从多能融合潜力的角度来看，**我国和美国、德国的电源结构日趋多元化，可再生能源装机规模保持较高增速，风电、光伏装机增长势头较好，能源消费环节的多元化需求、多能传输与配置系统日趋完善，为能源互联网的发展提供了有利条件。**从信息物理融合角度来看，**我国潜力较大，尽管当前我国与美国、德国、日本三国还存在一定差距，但未来上升空间巨大。美国最先提出了信息物理系统的概念，积极推进信息物理融合，积累了丰富的经验；德国和日本的工业 4.0、智能制造及工业互联网起步较早，通过大量投入取得了显著成效；我国政府高度重视信息物理融合发展，自 2015 年起，国家先后出台了《中国制造 2025》和《国务院关于深化制造业与互联网融合发展的指导意见》，为我国信息物理融合快速发展打下了坚实基础。

4.3.3　发展成效维度

从发展成效维度来看，能源互联网建设成效已开始显现，但与清洁低碳、优质高效、灵活便捷的发展目标还存在一定差距，提升空间较大。未来随着能源互联网项目的规模化推广、多能协调互补领域关键技术的突破，将大幅提升能源利用效率、提高可再生能源利用率、提升用户满意度，能源互联网的发展成效将进一步凸显。

整体来看，德国和日本的能源互联网建设成效相对较好，德国作为能源互联网的发源地之一，较早开展示范项目建设，而且示范项目涵盖了需求响应、负荷互济、智能微电网等众多领域，对区域能效水平和可再生能源利用率的提升有较大的促进作用。日本分布式能源互联网的理念以既有建筑为实施对象，以区域热电网络❶为实施内容，侧重于互联网理念在能源物理层面的渗透。日本将同一区域范围内多个相邻的分布式能源用户纳入统一供能体系，通过构建区域能源微电网，实现能源在有限区域内的共享，达到了提升区域能源效率的目的。

4.3.4 评估启示

通过对我国及德国、美国、日本能源互联网发展的评估结果进行分析，可以看出，未来我国能源互联网的发展需要在典型项目建设、关键技术突破及发展成效提升等方面进一步发力，逐步缩小与其他国家的差距，继而实现并跑和跨越，努力成为能源互联网行业的全球引领者。

一是提升能源互联网示范项目的系统性，补足商业模式创新短板，发挥示范作用。与德国、美国、日本三国相比，我国能源互联网示范工程覆盖范围广、推进力度大，但整体而言，系统性仍待提升。**从宏观层面看，需要重点提升项目规划的系统性**。充分考虑项目建设与当地需求的贴合程度、与当地整体规划的衔接程度、与相关政策的配套程度及投资渠道等，避免出现规划问题导致的工程延期、中断，或项目建成后无法有效运营；**从微观层面看，需要重点提升项目设计的系统性**。从发挥元素作用，提升示范效果的角度，系统地考虑示范项目应包含的建设元素和系统功能，避免盲目求多求全造成资源浪费，或

---

❶ 区域能源融通方式是一种无中心的能源供给模式，根据用户间融通能源种类的不同，区域能源融通系统又可分为热融通和热电融通两种类型。

项目"减配"导致的示范效果大打折扣。

同时，与德国、美国、日本三国相比，我国能源互联网示范工程尚未形成与之相匹配的科学、有效的商业模式，致使项目收益率与预期差距较大，无法实现项目的可持续运营。**应重点围绕市场需求、核心能力、产品服务、盈利模式、生态定位、风险保障等维度，创新商业模式**，形成可持续的具有市场竞争力的产品与服务，保证项目良性发展的同时，提升项目示范效果。

二是加快信息物理融合及系统安全领域能源互联网关键技术突破。我国能源互联网关键技术的发展水平整体上与德国、美国、日本三国有一定的差距。**从能源电力角度来看**，对于传统能源电力技术，我国的发展水平与德国、美国、日本三国基本持平，部分领域已实现了超越。对于新兴技术领域，如多能高效转换等，各国基本处于同一起跑线，差距不大；**从信息物理融合和系统安全角度来看**，我国相关领域的技术储备与德国、美国、日本三国有较大差距，同时"大云物移智链"等新兴技术在能源系统中的规模化应用攻关难度大，从融合技术突破到成熟应用需要经历一个相对较长周期。**我国能源互联网的关键技术攻关应重点集中在信息物理融合和系统安全领域。一方面，需要营造良好的合作攻关环境**，厘清协作机制，促进产学研深度合作，保证科研投入；**另一方面，需要营造良好的试验推广环境**，完善相关机制，促使能源企业优先使用国产化软件、平台、技术、装备等，实现相关技术的验证、迭代、优化、完善，保障相关技术装备能在实际工程建设过程中得到顺利的推广应用。同时，**需要超前谋划，科学布局，加快对5G、人工智能、物联网等新兴技术的研发投入**，尽快取得突破，占领技术制高点。

三是强化能源互联网对提升可再生能源利用、提高综合能效方面的支撑作用。我国能源互联网建设带来的发展成效正在逐步凸显，但与德国等相比仍存在一定差距，除资源禀赋和能源电力的整体发展差距外，市场机制、合作机制等尚不健全是制约能源互联网效能充分发挥的重要因素。**一方面，需要还原能源的商品属性，形成有效竞争的市场机制**。改变我国传统能源行业的条块分割和主体分散格局，打破电、气、冷、热等不同能源品种间的行业壁垒，实现由市场决定能源价格，由需求决定运行方式，使能源互联网的效能真正发挥；**另一方面，消除跨界合作壁垒，实现政府、能源企业、互联网企业、用户等之间的深度合作**。改变能源互联网发展过程中因利益诉求冲突造成的多方博弈格局，构建共商、共建、共赢的能源互联网发展生态，形成围绕核心企业的产业集群，实现技术互补、资金互补、风险分担，有效提升资源利用效率和目运作效率，降低交易成本。

参 考 文 献

[1] IEA. World Energy Balances 2019. Paris，2019.

[2] IRENA. Renewable Energy Statistics 2019. Abu Dhabi，2019.

[3] IEA. Global EV Outlook 2019. Paris，2019.

[4] METI. Japan's Energy Plan. Tokyo，2018.

[5] Global Data. US Power Market Outlook to 2030. London，2019.

[6] BP. Statistical Review of World Energy 2019. London，2019.

[7] BNEF. Country Ranking：Leaders in Energy Digitalization. New York，2018.

[8] 丁涛，牟晨璐，别朝红，等．能源互联网及其优化运行研究现状综述．中国电机工程学报，2018，38（15）：4318－4328.

[9] 尹晨晖，杨德昌，耿光飞，等．德国能源互联网项目总结及其对我国的启示．电网技术，2015，39（11）：3040－3049.

[10] 任洪波，杨涛，吴琼，等．日本分布式能源互联网应用现状及其对中国的启示．中外能源，2017，22（13）：15－23.

[11] 电力规划设计总院．中国能源发展报告．北京：中国电力出版社，2018.

[12] 国网能源研究院有限公司．中国能源电力发展展望．北京：中国电力出版社，2018.

[13] 清华大学能源互联网研究院．国家能源互联网发展白皮书．北京：2018.

[14] 埃森哲．中国能源互联网商业生态展望．2015.

[15] 埃森哲．能源互联网4.0：以变御变　数创未来．2019.

[16] 王成山，周越．微电网示范工程综述．供用电，2015（01）：16－21.

[17] 国家电网有限公司．泛在电力物联网白皮书．北京：2019.

[18] 华为．5G时代十大应用场景白皮书．北京：2017.

[19] 肖育苗，吕亚莉．5G与4G网络的对比分析综述．中国新通信，2017（11）.

[20] 李俊画．浅析物联网通信技术．现代传输，2017（5）：57－60.

［21］马军华，陆一鸣，等．源互联网评价体系研究．中国电力，2018，58（8）：38－42.

［22］蒋菱，袁月，王峥，等．智能电网创新示范区能源互联网评估指标及评价方法．电力系统及其自动化学报，2016，28（1）：39－45.

［23］原凯，李敬如，宋毅，等．区域能源互联网综合评价技术综述与展望．电力系统自动化，2019，43（14）：41－54.

［24］张冬杨．2019 年物联网发展趋势．物联网技术，2019，9（02）：5－6.

［25］孙宏斌，郭庆来，吴文传，等．面向能源互联网的多能流综合能量管理系统：设计与应用．电力系统自动化，2019，43（12）：122－128、171.